Para

Com votos de muita

paz e luz.

/ /

DIFÍCIL RECOMEÇO

3ª edição

MasterBooks

Difícil Recomeço

An imprint of MasterBooks, LLC.
6136 NW 53rd Circle, Coral Springs, FL 33067
Email: Masterbooks@masterbooksus.com

MasterBooks Contact@masterbooksus.com

Difícil Recomeço

Copyright © 2015 MasterBooks , LLC.

3rd Edition by MasterBooks, 2015.

International Cataloguing Information in Publication
Difícil Recomeço / Umberto Fabbri - Florida - US

For information about bulk discounts or to purchase copies of this book, please contact MasterBooks at 954-345-9790 or contact@masterbooksus.com

Cover by André Stenico
Printed in the United States of America

240 p;
ISBN 978-0615970271 Paperbook

DIFÍCIL RECOMEÇO

UMBERTO FABBRI | GERALDO CAMPOS

MasterBooks

Sumário

Caro leitor,

O Espírito criado por Deus para a felicidade e perfeição passa por muitos caminhos até o desenvolvimento pleno de todas as suas potencialidades.

O destino é um só, mas por onde, como e quando chegar somos nós quem escolhemos.

Quanto mais primitivo o ser, mais tortuosas serão as estradas escolhidas, mais longas e difíceis. Muitas vezes será necessário dar meia volta e retornar ao ponto onde nos desviamos de nossas metas divinas.

Mas O Pai, O Criador, nunca desampara os seus e coloca ao lado dos filhos iniciantes no caminho da perfeição, outros mais experientes e preparados que pelo amor já conquistado estão dispostos a orientar sobre os percalços da senda e sobre os perigos dos abismos cavados pelo egoísmo e personalismos.

Entretanto, mesmo alertados sobre os perigos das areias movediças do orgulho e da vaidade deixamo-nos afundar no poço escuro do medo, desalento, pessimismo, intolerância e soberba. Apenas corações fortalecidos pelo perdão, renúncia e amor poderão estender as mãos santas e salvadoras que resgatam os seres perdidos em si mesmos.

Nos três livros[1] Orlando mostra-nos em sua história, as dificuldades e alegrias daqueles que aceitam os desafios do recomeço e, mesmo conscientes dos obstáculos, sabem que nunca estiveram e nunca estarão sós...

A saga de nosso irmão retrata a jornada da maioria de nós, das nossas angústias, inseguranças e ansiedades. Mostra também a misericórdia divina que aplica suas leis redentoras sem jamais deixar de fornecer os recursos necessários para que tenhamos sempre êxito em nossas conquistas.

---

1 *Recomeçar a Viver, Novos Desafios e Difícil Recomeço.*

Toda a equipe, das duas dimensões da vida, responsáveis por estes livros, deseja que além de uma boa leitura, você possa encontrar nestas páginas o consolo e esperanças nas lições imorredouras dos ensinamentos de nosso Mestre Jesus.

Que Deus nos abençoe!

Geraldo Campos

Capítulo 1

Programação reencarnatória

Em um piscar de olhos, cinco anos haviam decorrido de minha transferência para a Colônia Allan Kardec. Confesso que não vi o tempo passar com a rotina de trabalho, tanto no hospital como na Legião de Jesus, e também os cuidados relativos ao Jaime, Rosângela e Vera.

Joana, mãe dedicadíssima, desdobrava-se trabalhando ativamente para que nossas crianças e Vera pudessem ter um nível melhor de resposta consciencial.

Rosângela, como sabíamos desde o início, não tinha limitações acentuadas, como Jaime e Vera.

No caso específico de Jaime, a evolução de seu quadro era reduzidíssima, o que traria sérios comprometimentos em sua nova reencarnação.

Vera, no entanto, demonstrava maior grau de lucidez. Diferentemente de sua idade cronológica, apresentava atitudes de uma criança de 7 anos. O que para nós era um avanço significativo dentro do prazo exíguo de nossa convivência de apenas dois anos.

Sabíamos que nossos compromissos reencarnatórios batiam a nossa porta. Deveríamos, eu e Joana, começar a transferir as responsabilidades que nos eram afeitas para iniciarmos os procedimentos necessários ao tentame.

As crianças e Vera, nesse curto período de início de nossa reencarnação e até atingirmos a idade programada para casarmos e recebermos os três como filhos, seriam tutorados pelo doutor Luiz e esposa que se ofereceram amorosamente para o trabalho em questão.

Sempre é importante destacar que o tempo ao qual estamos habituados quando reencarnados no planeta tem certa semelhança com aquele que vivenciamos na dimensão espiritual. Falo a respeito de nossa colônia cujo tempo corre mais rápido. Isso nos força a utilizar as referências relativas ao planeta para que o desenrolar da história que narramos em nossos livros ofereça aspectos mais didáticos.

Miriam, a supervisora de Joana no Centro de Reencarnação, marcou uma reunião para iniciarmos as tratativas de nossa reencarnação.

No dia e horário convencionados fomos recepcionados por uma de suas assistentes que nos conduziu até sua sala.

Após os cumprimentos, Miriam iniciou a conversa:

– Como vocês sabem estamos com algumas planilhas e gráficos prontos a respeito do caso de vocês. Gostaria que pudéssemos trabalhar em conjunto com este material.

Projetou em uma tela os aspectos dos corpos físicos, com os quais seríamos contemplados. A imagem era tridimensional. Ela iniciou a abordagem com o meu caso específico.

– Orlando, você deverá reencarnar em um corpo relativamente saudável. Todavia, a questão de sua dependência no álcool por um bom período de tempo durante sua última existência comprometerá seu fígado de maneira acentuada, sendo um problema a ser administrado durante praticamente toda a sua existência. Na questão cerebral, alguns lapsos de memória também o acompanharão. Esses lapsos sofrerão certo agravamento depois de determinada idade.

– Acreditamos que você terá uma vida relativamente curta para os padrões atuais em que as estimativas são para mais ou menos 65 a 67 anos de idade. Apesar das deficiências apontadas, você não terá problemas em relação ao seu trabalho, vida social etc.

– Evidente que este é um panorama geral. Todos os detalhes serão compilados e fornecidos posteriormente a vocês como um verdadeiro livro.

– Um manual de instruções? – disse sorrindo.

Todos sorriram e Miriam continuou solícita:

– Mais ou menos. Claro que devemos lembrar de que se trata de uma programação, não esquecendo nunca, que o livre arbítrio sempre prepondera.

– Naturalmente que uma programação, como você já deve saber, obedece aos aspectos mais importantes de uma existência. Questões relativas a casamento, filhos e outras de maior importância, são os pontos que imperam, mas podem ser alterados como nós sabemos. Vale frisar que programação será sempre, pura e tão somente, programação, e que a realização efetiva depende única e exclusivamente de nós mesmos.

– Miriam, e o caso de Joana? – perguntei.

– Joana irá trabalhar mais de perto junto com os nossos técnicos, em virtude de a maternidade oferecer alguns aspectos mais delicados, principalmente nos dois filhinhos que apresentarão condições orgânicas mais difíceis. Mas adianto a você, senhor curioso – disse sorrindo – que ela viverá um pouco mais que 90 anos.

– 90? Mas isso me parece injustiça. Eu vou voltar logo prá cá e vou ficar esse tempo todo sozinho? – disse em tom de brincadeira.

– Miriam, uma coisa que o Orlando não perde, é o seu senso de humor...

– Graças a Deus! – Joana completou, também sorrindo.

– Em relação as nossas crianças, não deveria, eu bem sei, mas sinto certa preocupação no que diz respeito às questões relativas aos cuidados especializados que necessitarão, principalmente no caso de Jaime e Vera. – disse um pouco apreensivo.

– Vocês reencarnarão em uma grande cidade do país que disponibiliza centros especializados de atendimento para a problemática das crianças. São instituições beneficentes que possuem inclusive ligações com a nossa colônia por meio do Centro de Reencarnação.

– Interessante. Mas elas apresentarão uma patologia específica, Miriam? – perguntou Joana.

– Para os padrões do planeta, não. Será um quadro de deficiência mental acentuada, entretanto, para nós é enfermidade catalogada há muito tempo, sem ainda o devido conhecimento da medicina terrestre. Enquanto o efeito for o foco central da ciência, menosprezando as causas, o homem ainda padecerá de enfermidades sem encontrar a cura ou o paliativo conveniente.

– A situação de Jaime e Vera não está relacionada somente a última existência física. Existe o efeito acumulativo. Jaime, como vocês bem sabem, faz uso das drogas já há muitas existências e Vera, vem por sua vez, repetindo determinadas posturas em desequilíbrio, há mais de 3 ou 4 existências. – completou.

– Semeadura livre, colheita obrigatória, não é Miriam? – disse Joana.

– Infelizmente, minha querida. Ainda somos imaturos na utilização do nosso livre arbítrio. Achamos que podemos tudo sem medir consequências e somos depois surpreendidos pela nossa própria inconsequência.

– Muito bem! Temos um panorama traçado em linhas mestras, podendo ainda sofrer alterações, depois de as apresentarmos aos nossos superiores. Peço a vocês que comecem a providenciar os ajustes finais de suas atividades porque em recebendo a aprovação, iniciaremos o procedimento reencarnatório imediato para ambos.

– Assim tão rápido, Miriam? – perguntei um tanto ansioso.

– Joana ainda terá algumas reuniões para tratar de aspectos que a envolvem diretamente, como mulher e mãe. Mas, em geral, na grande maioria dos casos, uma vez recebendo a aprovação, os procedimentos são liberados rapidamente, Orlando.

– Miriam, isto aqui parece mais um centro de despacho de gente do que centro de reencarnação.

Todos nós rimos gostosamente.

Capítulo 02

Informações adicionais

-Em relação a nossos pais? – questionei Miriam novamente.

– Ambos estarão inseridos na parentela da última existência podendo pelo tempo decorrido, serem bisnetos de vocês mesmos, não é ótimo?

– Espero que de minha parte, eu tenha sido um bom pai para os meus futuros avós, digo, para aqueles que foram meus filhos. – disse sorrindo.

– Esse é o preço a pagar, Orlando. – completou Miriam alegremente.

– Em relação aos nossos pais, eles são partidários de alguma religião? Foi a vez de Joana perguntar.

– Sim, no seu caso especificamente, seus pais, se tudo correr conforme a programação, naturalmente, são adeptos da Doutrina Espírita. Seu futuro pai é um jovem dirigente e fundador de uma casa espírita, o que poderá trazer a você, maior facilidade de informação e contato conosco. A possibilidade de algumas lembranças da última existência e do seu período em nossa dimensão poderá ser mantida no seu caso em particular. Obviamente, dentro de um padrão que não interfira em sua existência.

– E no meu caso? – perguntei novamente ansioso.

– No seu caso, Orlando, dada a sua ansiedade, será um esquecimento total, com a possibilidade de você nem se lembrar de que é gente. – completou, brincando comigo.

– A sua possibilidade maior, em relação às questões religiosas, estarão mais centradas em uma família católica praticante. No entanto, quando você começar a se relacionar com Joana, poderá ingressar nas fileiras espíritas também. Sua mediunidade irá aflorar nesse período, apesar das limitações naturais. A vidência será mais presente como ferramenta de trabalho em você, registrará em torno de 10 a 15% dos quadros espirituais que se apresentarão a sua frente.

— Isso obedece naturalmente, Orlando, as questões da utilização do álcool e os danos causados no cérebro do seu corpo espiritual. Como você sabe muito bem, somos herdeiros de nós mesmos, em todos os sentidos. Portanto, seu foco central será um trabalho constante junto aos filhinhos que exigirão muito esforço e dedicação.

— Claro que tudo o que estou expondo são as possibilidades do programa que ora trabalhamos. Joana está mais familiarizada com esses procedimentos por trabalhar aqui conosco.

— O que você acha? — questionou-me diretamente a especialista.

— De minha parte, acredito que será o melhor para todos nós. Tenho certeza, ou melhor, muita fé, que desta vez, com o auxílio de todos os amigos e tendo Joana, mais uma vez do meu lado, seremos vitoriosos. A oportunidade de poder continuar dando aos nossos filhos a orientação dentro do Evangelho de Jesus será para nós o maior desafio. Estou seriamente empenhado nesse propósito uma vez que Joana já realizou conquistas importantes, que eu reconheço, dentro do amor.

– Para mim, tudo pareceu muito novo, mas, lógico e necessário. Entendo hoje, claramente, que somos deuses, conforme Jesus ensinou porque aliado ao amor de Deus, com a sustentação do Cristo, dos nossos mentores e amigos espirituais dirigindo nossa vontade firmemente, de fato, tudo podemos no bem a nosso favor e do semelhante.

Miriam fez um aceno com a cabeça, concordando.

Agradecemos a gentileza de suas explicações e diretrizes e ao sairmos, quis saber a opinião de Joana:

– O que você achou?

– Creio, Orlando, que teremos muitos desafios pela frente. Não somente em nos mantermos firmes dentro do propósito de melhorarmos a nós mesmos, como também, nossa dedicação com o Jaime e a Vera porque as alterações serão diminutas por conta da dependência química acentuada.

– Quanto a nossa Rosângela, todo o cuidado será pouco, por conta de suas tendências e hábitos que merecerão de nós dois uma vigilância constante. Não será fácil um controle efetivo sobre ela em relação ao uso de entorpecentes e mesmo nos desvarios da sexualidade.

– Teremos que trabalhar muito com ela para ree-ducá-la dentro do Evangelho do Cristo para que não percamos, de nossa parte, a oportunidade de auxiliar adequadamente e, da parte dela, que a próxima reen-carnação, não seja mais uma oportunidade perdida.

– Precisamos ir agora, meu querido. Nossos com-promissos nos esperam. Comece a preparar seus subs-titutos porque nossos superiores serão avisados que os planos reencarnatórios estão sendo ultimados e assim que a aprovação chegar teremos que transferir nossas funções, para nos preparar convenientemente.

Capítulo 03

O casamento de Miguel

Recebemos um bonito convite do casamento de Miguel que já se instalara havia 4 meses em sua nova colônia. Apesar da correria da preparação de nossa partida, teríamos tempo para irmos ao casamento do amigo.

Seria realizado em um sábado, pela manhã. Após a cerimônia, haveria um almoço e os noivos poderiam passar a tarde com os parentes, amigos e convidados.

Eu e Joana sairíamos da colônia na sexta-feira à noite. As crianças e Vera ficariam com as cuidadoras.

No dia marcado, fomos ao aeroporto e embarcamos rumo a colônia em que Miguel residia. O número de amigos presentes era enorme, cerca de umas 50 pessoas, incluindo Talita, o pessoal todo dos Legionários de Jesus, doutor Luiz e esposa, outros amigos que haviam trabalhado com o noivo, sem contar os amigos e parentes da noiva.

Fizemos uma viagem rápida e agradável. O voo foi de apenas 40 minutos e ao desembarcarmos, o próprio Miguel e Jacyra, sua noiva, estavam à nossa espera.

Foi uma festa ao revermos o amigo e sua futura esposa. Disseram que tudo estava preparado e que seríamos surpreendidos com o bom gosto de Jacyra que, um pouco tímida, falou:

– Vocês conhecem o Miguel, sempre exagerando...

– Não, minha querida, são os seus predicados. Bom gosto é algo natural em você, a começar com a escolha do noivo.

Todos nós rimos muito com a expressão de surpresa de Jacyra e com toda a suposta pretensão demonstrada por Miguel.

Tínhamos reservas no hotel local, onde nos hospedamos com toda a turma, enquanto os noivos foram tratar ainda dos últimos detalhes para o evento na manhã do dia seguinte.

Depois de acomodados, fomos ao restaurante, onde, durante o jantar, relembramos algumas passagens que a grande maioria havia tido ao lado de Miguel.

Era de fato uma pessoa muito querida de todos nós. Os casos narrados sempre traziam um lado positivo e estimulador de nosso amigo para com todos. Pessoalmente, lembrei-me das aulas práticas no curso que me preparou para ser dirigente dos Legionários. Em uma delas, dei um verdadeiro vexame, com a perda de controle diante de uma entidade que me agarrava pelo pescoço, tentando me estrangular. Todos acharam muita graça quando mencionei que era uma projeção e que me senti salvo pelo gongo quando ouvi Miguel dizer "corta" e a projeção foi suspensa.

– Mas pessoal, que parecia real, parecia. – disse em minha defesa, rindo junto com os demais.

Recolhemo-nos e no dia seguinte fomos para o local onde seria realizada a cerimônia.

Seria ao ar livre, dentro do clube da colônia, onde mesas e cadeiras foram distribuídas de forma harmoniosa. A decoração era simples e composta de muitas flores, tudo de muito bom gosto. O ambiente havia sido explorado ao máximo para que as plantas e flores ornamentassem de maneira natural o local do evento.

Miguel e Jacyra surgiram de mãos dadas, ambos vestidos de branco, em trajes simples, um tanto mais esportivos, mas que não prejudicara de maneira alguma a elegância natural dos noivos.

Jacyra estava lindíssima. Jovem morena, de olhos negros, esguia e de estatura mediana. Miguel, um rapaz alto, esguio como a noiva, loiro de olhos azuis, contrastava com a beleza morena de Jacyra. Um par muito bonito e simpático que possuía a vibração daquelas pessoas que têm o coração puro.

A cerimônia foi simples. Os noivos falaram de seus projetos, esperanças e amor de um para com o outro. Palavras envoltas em emoção e beleza que rapidamente envolveram a todos.

Não contive as lágrimas, bem como a grande maioria dos presentes, porque sentíamos as vibrações envolventes de amor e paz dos noivos, enquanto que uma luz suave descia sobre todos nós, como verdadeiras bençãos do Criador da Vida.

Logo após, Miguel e Jacyra foram agradecer todos os presentes, passando pelas mesas, enquanto eram servidos sucos de frutas variados com quitutes muito saborosos, preparados pelas amigas da noiva.

Prato principal, o meu preferido: churrasco! De vegetais é óbvio. Carne, para os mais afeitos, desenvolvida em laboratório, com grande parte de soja em sua base e outros componentes vegetais.

Obviamente que o mais importante era a beleza do espetáculo em poder ver os noivos desfrutando de tanta felicidade, ao mesmo tempo o fato inédito que para mim se desenrolava.

Quando eu poderia imaginar que participaria de um casamento no plano de existência espiritual no qual me encontrava? Já havia estudado em André Luiz, na sua obra "Os Mensageiros", assunto semelhante quando o mentor, por meio da pena de Francisco Cândido Xavier, faz referências a este tipo de evento no Capítulo 30. Mas para mim, o fato acontecia ao vivo e a cores.

Poderia não ser novidade para muita gente, mas confesso que estava de fato, bastante surpreso, e ao mesmo tempo, agradecido a Deus por me dar a oportunidade de aprendizado constante.

Aprendi que o plano espiritual não tem nada de sobrenatural. O sobrenatural só pode ser fruto de nosso desconhecimento, mais nada.

Devaneava quando Joana, discretamente, convidou-me para dançar ao som de uma música bastante agradável.

– Pois é... Espírito também dança! – pensei.

Depois da festa maravilhosa, despedimo-nos dos noivos, desejando toda a felicidade do mundo, nas bençãos de Jesus e, retornamos para a nossa Colônia.

As crianças e Vera nos aguardavam sempre ansiosos. Era preciso retornar para os filhos do coração.

Capítulo 4

Viagem de volta

R etornamos ao hotel e depois de arrumarmos a pouca bagagem que levamos e trocarmos nossas roupas, fomos para o aeroporto. Queríamos chegar no mesmo dia à noite para ficarmos com as crianças.

O tempo estava passando rápido e nosso projeto reencarnatório nos aguardava. Sabíamos que ele seria logo aprovado e o processo se iniciaria em seguida.

Durante a viagem, me peguei a pensar sobre os novos desafios que nos aguardavam. Confesso que sentia muito receio da reencarnação, mas, tentava disfarçar ao máximo para Joana não perceber. Ela, porém, sabia muito bem o que se passava no meu coração.

Espíritos mais elevados têm uma sensibilidade apuradíssima e com certeza percebia minhas vibrações, quando não lia literalmente meus pensamentos.

Lembrava-me agora de uma das lições em meu curso de Evangelho quando estudávamos o capítulo 23 – Saber Ouvir, da obra "Nosso Lar", psicografada de Francisco Cândido Xavier. No livro, o autor espiritual André Luiz relata a condição do pensamento na dimensão em que se encontrava. Narra o autor uma conversa com o amigo Lísias, que informa: – *"Há compromisso entre todos os habitantes equilibrados da colônia, no sentido de não se emitirem pensamentos contrários ao bem. Dessarte, o esforço da maioria se transforma numa prece quase perene. Daí nascerem às vibrações de paz que observamos".*

O pensamento como força eletromagnética, entra em contato com forças afins. Quando emitimos um pensamento desequilibrado em ambientes onde reina o amor, a fraternidade e a sinceridade, ele por si, não ganha força de expansão, acaba não sendo assimilado. Logo, o seu emissor não o retém por muito tempo porque não recebe energias semelhantes, uma vez que todos emitem pensamentos positivos.

No entanto, quando emitimos um pensamento em local onde existe o ódio, a revolta e o desrespeito, ele não somente é assimilado, como também, retorna ao seu emissor, fortalecido pelas ondas reinantes no ambiente doentio.

É patente que recebamos aquilo que damos, mas o ambiente pode exercer influência salutar ou doentia em relação as nossas propostas.

Quando estamos em um local, um templo, por exemplo, onde as pessoas somente pensam no bem, oram por si mesmas ou por seus semelhantes, é muito mais difícil mantermos pensamentos e atitudes desequilibradas. Não vamos mudar o rumo da conversa se estamos falando de Jesus para comentarmos a respeito da vida alheia. Isso não é uma regra, como sabemos, porém, é o mínimo que se pode ter em relação à questão do respeito. Como costumamos dizer: "não se cospe no prato onde acabamos de comer".

Isto, de fato, ilustra a condição coletiva. O micro reflete-se no macro e é absorvido ou repelido, como uma condição de natureza química.

Sendo o pensamento matéria sutil, sua assimilação

estará de acordo com o ambiente. Quando estudamos "O Livro dos Espíritos", podemos entender de forma simples que os maus se melhoram em contato com os bons. Sendo assim, porque não utilizarmos de uma analogia, para entendermos o pensamento e sua manutenção no coletivo?

Esses aspectos martelavam em minha cabeça porque eu, pelo pouco que me conhecia, sabia de certos problemas comportamentais, principalmente na condição de minha dependência química. O receio em relação ao álcool existia em mim, isso era um fato.

O que poderia esperar em relação aos meus futuros pais, uma vez que essa droga é tratada licitamente? Poderia receber estímulos, uma vez que o consumo de álcool é comum nos lares, em festas, e também, em um simples almoço ou jantar?

A desculpa do "vamos brindar", para que o produto seja consumido, é tratada com respeito e consideração. Não poderia me posicionar como um moralista, mas no meu caso, como sabemos cientificamente, a dependência é uma doença. Apesar de todo o tratamento recebido, eu sabia que era um enfermo que havia simplesmente suspendido a utilização da droga.

Poderia resistir, não somente ao apelo do álcool,

mas também, aquilo que lhe é consequente? Quantos problemas são ocasionados nos lares ou fora deles, por conta do uso e do abuso? Quantas vidas são desperdiçadas pelo "prazer"?

As questões relativas à fé em mim mesmo eram pontos em que eu refletia constantemente.

Mas pelo menos no meu caso, sabia que minha fé, era ainda vacilante, inconstante mesmo, principalmente por ser ainda um Espírito que está aprendendo novos rumos, recomeçando a viver.

Era claro para mim que a reencarnação traz insegurança para o Espírito, como o desencarne também se apresenta de maneira delicada para aquele que ainda está apegado às convenções, sensações e sentimentos por vezes equivocados. Mas quem está isento? Quem poderá dizer dessa água não beberei?

Eu não poderia generalizar porque conhecia não somente na colônia em que vivia presentemente, mas recordava-me de alguns casos, quando estagiava no planeta, de profundo desprendimento. Havia aqueles que reencarnavam com uma tranquilidade angelical, tanto quanto alguns poucos que conheci na Terra que desencarnavam transmitindo a sensação de dever cumprido, de consciência em paz e liberta.

Sabia que o exercício de minhas potencialidades era a base desta conquista. Esforçava-me como podia para materializar em minha vida a paz da consciência tranquila, porém, não poderia ficar enganado em relação às minhas fragilidades, que via de regra, não existiam por minha vontade, mas por minha falta de conhecimento.

Como enfermo da dependência, era justo, pelo menos para mim, o receio de falhar novamente.

Joana que estava sentada ao meu lado, lendo um dos seus livros, achegou-se e vendo que me encontrava absorto em meus pensamentos, perguntou com voz suave:

– Orlando, o que está perturbando o seu coração?

– Jô, estava pensando sobre os nossos próximos compromissos. Não posso negar que a reencarnação, pelo menos para mim, por minhas dificuldades no presente momento, causa-me certa, digo, grande preocupação.

– Sem dúvida, você tem esse direito, meu querido. No entanto, vale lembrar que se preocupar é sofrer por antecipação, como você sabe. Óbvio que não vamos negligenciar a previdência, porém preocupar-se constitui grande dispêndio de energia salutar, ocasionando-nos não somente enfermidades, mas favorecendo o vacilo da fé.

– Amar, perdoar, respeitar, entre tantas outras virtudes, como sabemos bem, são conquistas, frutos de exercício constante, não são?

– Sim, Joana, é verdade.

– Entretanto, a preocupação é exercício de destruição da fé. Quem se preocupa acaba duvidando de suas próprias possibilidades e assim sendo, acaba duvidando de Deus.

– Acalme-se e busque a oração para combater o pessimismo e aumentar a autoestima. Ela produz verdadeiros prodígios quando mantida regularmente. É combustível para a nossa confiança em nós mesmos e em Deus.

– Jô, compreendo o que você diz, mas é tão difícil para mim assimilar e praticar essas verdades...

– Não se exigem respostas positivas, todas de uma vez, Orlando. É necessário insistir por meio da prática constante. Lembremo-nos o que nos ensinou Francisco de Assis: "comece fazendo o que é necessário, depois o que é possível, e de repente você estará fazendo o impossível".

– Sabemos que se evangelizar não é somente nos intelectualizarmos em Evangelho, mas sim sua prática e vivência; é ela que nos tornará melhores do que somos. Precisamos manter a chama viva de Jesus em nossos corações.

– Concordo, Joana. Dou minha palavra que vou tentar, contando sempre com a sua ajuda.

– Você sabe que terá! Mas a maior ajuda que nós dois teremos e que sempre está a nossa disposição, é aquela oriunda de Deus e de Jesus. Eles nos amam integralmente.

– Sim, concordo minha querida. Desculpe-me o vacilo...

– Não é preciso se desculpar, você sabe. Veja, Orlando, estamos chegando, logo estaremos em casa.

Capítulo 5

Preparativos iniciais

Apesar de minhas dificuldades relativas aos embates naturais que nos reservam a reencarnação, estávamos nos últimos preparativos referentes à transferência das tarefas que se encontravam sob minha responsabilidade. O mesmo procedimento ocorria com os serviços prestados por Joana, no Centro de Reencarnação.

Doutor Luiz e esposa, sempre atenciosos, resolveram

transferir os gêmeos e Vera, paulatinamente, até que eles viessem a se acostumar com a casa dos "tios", onde iriam residir, aguardando o tempo propício para se unirem a nós, quando formaríamos uma família no planeta.

Como é difícil abrirmos mão de posições e trabalhos que acreditamos nos pertencerem... Tudo é propriedade divina, bem o sabemos, mas a atitude do homem velho ainda preponderava em mim. Tinha a nítida impressão que perdia aquilo pelo qual havia me dedicado, na doce ilusão de que um dia, algo tivesse me pertencido.

Aos poucos, fui tendo a consciência que de nossa propriedade são os tesouros acumulados no coração, todos eles relativos ao amor e a bondade, conforme ensinado pelo nosso Divino Mestre Jesus.

Recorria à prece sempre que o temor tentava se apossar de mim, por uma razão bastante óbvia. Quando estamos encarnados, temos medo de morrer e, quando estamos desencarnados, temos medo de viver uma nova experiência.

Claro que posições desta natureza não podem ser atribuídas a todos, generalizando equívocos e fraquezas. Mas especificamente no meu caso, talvez estivesse exigindo uma perfeição que estava muito longe de possuir.

Foi em um desses momentos, quando estava em casa, depois do expediente, que Joana novamente me socorreu, com palavras breves, porém, certeiras:

– Orlando, quem procura manter a certeza que Deus está em nós e que nós vivemos nele, tendo a consciência tranquila de tentar fazer sempre o melhor, não tem o que temer. Pense nisso!

– Você tem razão, Jô. Mas talvez seja a primeira oportunidade porque não me recordo de nenhuma outra, ao longo da minha existência, que tenha mantido a consciência sobre as reencarnações passadas; as lutas futuras que se encontram programadas, e assim por diante.

– Posso entender estes momentos, Orlando, mas acima de tudo, mantenhamos a nossa confiança, para não esmorecermos diante das provas. O velho ditado é verdadeiro para essas situações: "Deus não nos impõe uma cruz mais pesada do que aquela que possamos carregar". Vale lembrar que a cruz é construída pelos nossos próprios desmandos na grande maioria das vezes, não esquecendo aquelas que são elaboradas pelo amor em favor do próximo, que é o caso das almas sublimadas que se dedicam integralmente para a felicidade do semelhante.

– Recordemos que a mãezinha que se dedica ao filho, ou qualquer outra criatura que possa doar de si mesma, de seu amor ao próximo ou a própria natureza, é sublimada dentro do grau evolutivo em que se encontra.

– Jô, você tem razão e sua postura me conforta e traz serenidade diante dos desafios que nos aguardam.

– A propósito, meu querido, Miriam entregou hoje uma medicação especial que auxiliará muito em nosso processo de redução do perispírito, quando formos para as câmaras reservadas para esse fim.

– Trazem eles alguma sensação desagradável, Jô?

– Não! Somente nos sentiremos um pouco mais relaxados. A base da medicação é totalmente homeopática e fará um trabalho gradativo em nosso perispírito que é exatamente onde a homeopatia atua como você sabe.

– Ótimo, excelente! Miriam já se posicionou sobre a aprovação da nossa programação?

– Sim. Está totalmente aprovada e nesse final de semana, visitaremos nossas futuras famílias.

– Já? Tão rápido? Meu Deus! Achei que esperaríamos muito mais...

– Estranho, Orlando. Você sempre ansioso e agora quer esperar? Não estou reconhecendo você?

– Pois é, minha querida. Até as pedras se movem,

não é? Estou aprendendo a não apressar as coisas. A exercitar a minha paciência. Coisa difícil – respondi sorrindo.

Capítulo 6

Visita ao futuro lar

A manhã de sábado estava lindíssima. Desperta-mos com o Sol nascendo, produzindo um espe-táculo encantador.

Rapidamente nos preparamos e rumamos para o ae-roporto, onde viajaríamos rumo aos nossos futuros lares.

Chegamos relativamente rápido, em torno das 10 horas da manhã, em uma das grandes cidades brasilei-ras, onde o movimento já era bastante intenso naque-le horário.

Dirigimo-nos inicialmente a casa que seria a futura moradia de Joana. Quando chegamos, notamos que próximo da casa, a atmosfera era de tranquilidade.

Fomos recepcionados por um amigo espiritual que irradiava uma luz azulada de sua aura, demonstrando grande elevação de natureza moral. Identificou-se pelo nome de Juarez, dizendo-se mentor da futura mãe de Joana.

Envolveu-nos em um abraço carinhoso, dando-nos as boas-vindas, em nome de Jesus.

Disse-nos que já havia sido informado de nossa visita e das futuras providências que seriam levadas a efeito no caso particular da reencarnação de Joana.

Convidou-nos para entrar. Notei uma proteção espiritual bastante intensa ao redor da casa e uma vibração harmoniosa no seu interior, o que demonstrava que o casal mantinha o culto do Evangelho no lar.

De fato, já se encontravam sentados ao redor de uma mesa, com "O Evangelho Segundo o Espiritismo", aberto no Capítulo XXV, intitulado "Buscai e Achareis".

Juarez, aproximando-se da neta, informou-nos:

— Maria e Alberto, os futuros pais de Joana, mantêm o hábito da reunião em torno do Evangelho há muitos anos mantendo o ambiente seguro e equilibrado.

– Dentro de 15 minutos receberemos nossos amigos que participam conosco desta reunião tão singela, mas de grande importância, como nós sabemos.

– Que beleza, senhor Juarez – disse Joana, emocionada com a cena que se desdobrava diante de nossos olhos.

De fato, não demorou muito e começaram a chegar outras entidades, algumas delas demonstrando elevada condição espiritual.

Reunimo-nos com o casal que dirigiu uma prece belíssima a Deus e a Jesus, solicitando proteção e entendimento para as lições daquela manhã.

Joana aproximou-se de Maria, sua futura mãezinha e a envolveu em um abraço amoroso, sussurrando-lhe ao seu ouvido:

– Mãe querida, peço a Deus que a abençoe pelo seu gesto sublime de amor em meu favor. Peço a Jesus que me auxilie a ser para você a filha que cubra você de beijos e carinho como gratidão pelo seu desprendimento.

Notei que Maria sentiu as vibrações amorosas de Joana e Alberto registrou sua presença por meio da vidência, quando foi também abraçado por ela.

A reunião foi, para todos, um verdadeiro banho de luzes multicoloridas envolta em energias superiores.

Logo após, o casal, se preparou para a visita que faria ao orfanato onde ambos trabalhavam como voluntários todos os sábados.

Antes de saírem, Alberto dirigiu-se para a esposa, dizendo:

– Notei a presença de uma entidade de grande elevação, que nos envolveu em um abraço muito amoroso. Você notou?

– Sim! Tive a impressão de que me chamou de mãe. Fiquei muito emocionada.

– Bem, minha querida. Se for para recebê-la um dia como filha, será muito bem-vinda, amada e abençoada por Jesus.

Joana estava emocionada pelas vibrações de carinho que recebia daqueles corações tão amigos.

Quando saíram, todos nós os acompanhamos até o jardim e após, rumamos para o nosso veículo que nos transportaria até o meu futuro lar.

Chegamos rápido, em virtude de minha futura residência localizar-se em uma rua muito próxima do endereço que nos encontrávamos.

Ao chegar, não percebi as mesmas vibrações do ambiente anterior. Um Espírito um tanto mal encarado estava na varanda da residência e, quando nos viu, assustou-se saindo rapidamente. Estava acompanhado de outro, que demonstrava ares de alienação.

Entramos na residência e pude ouvir uma voz feminina dizendo:

– Armando, são onze horas da manhã e você já está sentado no sofá na frente desta TV tomando cerveja!

– Fique calma, Clotilde – respondeu ele – Trabalho a semana toda como um burro de carga. No sábado eu quero relaxar, tomar uma cervejinha e depois do almoço, dormir um pouco. Também sou filho de Deus, não é?

A esposa respondeu:

– Eu também trabalho durante a semana toda e não fico sem fazer nada aos sábados e domingos. Venha me ajudar com a arrumação da casa.

Armando levantou-se contrariado, indo auxiliar nos afazeres domésticos.

Eu estava boquiaberto. No mesmo instante, Joana buscou me tranquilizar:

– Orlando, tenha calma! Vamos trabalhar juntos nessa situação. Não são pessoas desequilibradas, como você percebe. Somente precisam de orientação mais adequada. A gravidez dela poderá ser o remédio salutar para ambos.

– Mas Joana, meu futuro pai bebe. O que poderá ser

da minha vida? Tenho um histórico de dependência comprometedor. Tenho receio de falhar neste ponto.

– Você já está vacilando em sua fé, Orlando? Acredita que as provas nos visitam para nos fortalecer ou punir?

– Creio que para fortalecer sem dúvida, Joana.

– Então, o desafio em relação ao uso do álcool, estará presente em sua vida. Se os apelos não ocorrerem em casa, acontecerão na rua, junto aos amigos e assim por diante. Vamos aguardar até a noite, quando eles se desdobrarem no processo do sono e ver o que podemos fazer, está bem, meu querido?

– Se você acredita que possamos fazer algo a respeito, vamos aguardar.

Capítulo 07

Conversa construtiva

Armando e Clotilde empenharam-se no trabalho de arrumação e limpeza do lar. Isso fez que Armando não se dispusesse a continuar no seu culto a cerveja.

Extenuados, fizeram um lanche mais reforçado no final do dia e se recolheram cedo para o descanso.

A entidade que havíamos encontrado quando chegamos, naquele que seria o meu futuro lar, retornou com o seu acompanhante quase que completamente alienado.

A princípio não nos detectaram porque se mostravam alterados por algum tipo de droga que haviam vampirizado, muito provavelmente de dependentes em grau muito avançado.

Eu havia assistido a uma palestra sobre dependência química e obsessão em minha colônia, onde o orador em determinado instante de sua análise alertava-nos sobre a possibilidade de vampiros totalmente inconscientes de sua situação utilizarem-se de pessoas adictas para satisfazerem suas necessidades, sem qualquer relação de vingança ou ódio. Simplesmente, ao encontrarem criaturas utilizando das substâncias que são dependentes, aproximam-se e vampirizam-nas, como se entrassem em um bar e pedissem algo para beber. O exemplo utilizado pelo orador estava literalmente materializado na minha frente.

Demonstravam com muita clareza estarem envolvidos por substância semelhante à cocaína ou heroína, pelo odor exalado de seus perispíritos.

Entraram sem nenhuma cerimônia ou barreira de natureza espiritual que os impedisse e foram em busca de Armando.

Um deles falou:

– Estou com muita sede. Vamos ver se o Armando encheu o caneco hoje para tirarmos a nossa parte.

A outra entidade, simplesmente acompanhava o parceiro, totalmente robotizada e dependente.

Joana concentrou-se e notei que o seu perispírito adensou-se um pouco mais, podendo se tornar visível para os dois Espíritos.

Quando eles a divisaram, perceberam que eu me encontrava ao seu lado. Foi Joana que iniciou o diálogo:

– Posso saber o que vocês procuram aqui?

– Não é da sua conta, moça. Meta-se com a sua vida!

– Amigo, não é necessário usar esse tom. Estamos aqui em nome de Jesus e podemos nos tratar como verdadeiros irmãos, não podemos?

– Não! Não podemos. Escute bem, não sou seu amigo e nem seu irmão. Agora suma daqui antes que eu aplique uma surra em vocês dois e os coloque para fora como cães.

Eu havia trazido o meu bastão de luz para qualquer emergência e quando fiz menção de usá-lo em nossa defesa, Joana fez um sinal informando que não seria necessário.

Não respondeu ao insulto e percebeu que continuar a conversa seria dispêndio de energia com pessoas que não estavam em condições de ouvi-la, que dizer fazer ponderações ou qualquer tipo de concessão.

Pediu-me de imediato, que entrássemos em prece. Ao fazê-lo, notei que sua aura se iluminava e expandia-se, projetando verdadeiros lampejos de luz cor de rosa prateada, criando rapidamente uma atmosfera de paz. Verdadeiros flashes de luz envolveram as duas entidades, que se acalmaram e retiraram-se do ambiente.

Quando Joana terminou a prece, tive a impressão de que o ambiente ficara mais iluminado. Eu estava realmente impressionado com o fato de estar ao lado de uma criatura que demonstrava tanta elevação e amor.

Naquele instante, pensei:

– Meu Deus, como o amor é sublime nestes Espíritos que já o materializaram em seus corações por meio do seu exercício. Joana sacrificaria seu bem-estar, podendo continuar seu desenvolvimento na colônia Allan Kardec para reencarnar comigo e nossos filhos, sabendo de antemão que as nossas crianças teriam os mais variados problemas mentais e de saúde.

Enquanto eu precisava de voluntários e equipamentos para as incursões que realizava nos campos de dor para minha querida esposa, bastava sua prece, para solucionar situações que poderiam ficar violentas.

A situação sendo contornada, Joana convidou-me para nos dirigirmos ao casal.

Ambos estavam desdobrados no processo do sono. Clotilde encontrava-se sentada na cama ao lado do seu corpo e Armando totalmente largado em uma poltrona próxima.

Joana pediu que elevássemos nossos pensamentos a Deus e a Jesus, e aproximou-se chamando a atenção daqueles que seriam meus futuros pais.

Armando ao vê-la, deu um salto de sua poltrona e aproximou-se de Clotilde, perguntando:

– Vocês são algum tipo de anjos?

Naturalmente, sua visão católica foi preponderante em relação a nossa presença.

– Não, Armando. Somos seus irmãos em Jesus e gostaríamos de trocar algumas palavras com vocês, pode ser?

– Seria a respeito exatamente do quê?

– Da possibilidade de Clotilde engravidar e vir a ser mãe, muito proximamente.

Percebi que o semblante de Clotilde ficou iluminado e em seguida, perguntou entusiasmada:

– Verdade, meu anjo bom? É tudo o que mais desejamos, não é, Armando?

– Sim, Clotilde. Sem dúvida.

– Meus queridos, repito que não somos anjos, mas portadores dessa notícia maravilhosa em nome de Jesus.

– Como se chamam? Quem são vocês? – perguntou Clotilde por sua vez.

– Eu me chamo Joana e meu companheiro e esposo, chama-se Orlando. Somos seus amigos e irmãos em Cristo.

– Joana, Orlando, o que deveremos fazer para recebermos as bênçãos de Deus, em relação a sermos pais, já que estamos tentando ter o nosso filho há mais de 3 anos, porém sem sucesso? Eu não engravido apesar de termos procurado auxílio médico adequado. Tanto eu como Armando, estamos bem de saúde e não alcançamos essa graça.

– Armando precisará fazer um sacrifício extra. Você está disposto? – questionou Joana.

– Claro, senhora. O que eu devo fazer?

– Suspender de imediato o consumo de qualquer bebida alcoólica, que além de prejudicar sua saúde, vem interferindo no processo de gravidez de sua esposa. O álcool consumido por você, Armando, causa desarranjos em seu perispírito, influenciando diretamente a produção de espermatozoides sadios o suficiente para fazerem frente a fecundação do óvulo, quando do período fértil de Clotilde.

– Mas, senhora Joana, não sou um alcoólatra. Bebo minhas cervejas e meus uísques nos finais de semana.

– Entendo, porém, não podemos esquecer que o alcoólatra não é necessariamente aquele que consome o produto todos os dias. Existem os dependentes de finais de semana. Em sua situação, o produto que você faz uso, interfere, como já disse, de maneira mais intensa em seu metabolismo físico e perispirítico.

– Acresce ainda, o prejuízo que trará ao futuro bebê, cuja responsabilidade neste quesito é inteiramente sua. Você concorda, Armando?

– Sim, senhora. Vou trabalhar para procurar vencer essa situação.

– Confiamos em você. Com a ajuda de Clotilde, será mais fácil, temos certeza.

– Sim – disse Clotilde por sua vez – sempre falo a respeito desse tema com o Armando.

– Muito bem. Mas se você quiser, Armando, posso aplicar-lhe um passe na região do seu centro gástrico e também em seu fígado, que trará desconforto quando da ingestão de bebidas alcoólicas. Mas isso se você concordar. Adiantou-se Joana.

– Concordo sim. Se for para o meu bem e do nosso futuro filho, eu concordo e peço que a senhora me auxilie.

Joana pediu que nos recolhêssemos em prece e aplicou energias em movimentos circulares, no centro de força gástrico e no fígado especificamente. Notei que energias de coloração esverdeada saíam de suas mãos e eram imediatamente absorvidas nos locais distintos.

Ao término da energização, Joana fez uma sugestão:

– Meus queridos irmãos, sugiro que vocês procurem manter a prece em seu lar. Conversem com o padre da paróquia que vocês frequentam ou procurem uma para frequentar e falem com ele sobre o Evangelho no lar. Busquem implantar essa reunião em seu lar para receberem a visita de Jesus semanalmente.

Eles agradeceram sensibilizados e, como tínhamos que retornar para a colônia, nos despedimos, com a certeza de que estaríamos nos empenhando ao máximo para o sucesso de nossa jornada; eles como pais e eu, por minha vez, como o futuro filho do casal, com as bençãos de Jesus.

Capítulo 8

Preocupações

No retorno a nossa colônia, tive tempo de meditar um pouco mais sobre o processo reencarnatório que nos aguardava.

Realmente eu não estava muito seguro em relação ao meu pai, principalmente, depois das cenas que pude presenciar. Sabia de antemão, que as orientações que recebemos durante o sono do corpo, quando estamos naturalmente desdobrados, são extremamente úteis, respeitado evidentemente o livre arbítrio de cada um.

Semelhante sempre irá atrair semelhante, dentro dos propósitos e objetivos que mantenhamos, obviamente.

Apesar de todo o preparo realizado por Joana, em relação ao consumo de bebidas alcoólicas de meu futuro pai, sabia muito bem, que muitas vezes a dependência fala mais alto. Mesmo nos sentindo mal em relação ao produto utilizado, continuamos insistindo em seu consumo.

Lembrava-me de um médico conhecido de minha família, quando me encontrava na última reencarnação que, mesmo tendo enfisema pulmonar, provocada pelo hábito do cigarro, não conseguiu deixar de fumar, até o seu desencarne. A dependência psicológica e física que nos impomos, por vezes é de tamanha proporção que somente uma vontade férrea pode inverter essa situação.

Somente o tempo e algumas reencarnações podem levar o Espírito a vencer a si mesmo. Naturalmente que situações dessa natureza não podem ser generalizadas, mas eu conhecia na pele, para ser bastante claro, o risco da dependência. Quanto havia me esforçado e a quantos tratamentos fui submetido, para não ter me tornado um vampiro comum, diante da necessidade do álcool!

De maneira alguma havia perdido a fé em relação as

minhas conquistas pessoais, mas como garantir que não sofreria arrastamentos dentro do lar que me aguardava.

Joana com sua sensibilidade e muito provavelmente lendo parte dos meus pensamentos, veio tirar-me das preocupações que começavam a se aprofundar. Iniciou sua abordagem discretamente:

– Você está muito pensativo e com certo ar de preocupação.

– Sei que não deveria, Jô, porque a preocupação é dispêndio de energia, mas, apesar da luta, não consigo ainda disciplinar meus pensamentos.

– Entendo o que preocupa você: é o futuro pai, que poderá, mesmo com os inconvenientes orgânicos, continuar o consumo de alcoólicos, não é?

– Exatamente. Você sabe que é uma situação de risco para mim. Já conversamos a respeito do assunto, porém, minha insegurança faz com que eu volte a ficar preocupado.

– Tirando o fato da preocupação, que realmente não é construtiva, como você mesmo já disse, acredito que o trabalho educativo não está voltado somente para uma primeira conversa com os futuros pais. Peça autorização ao doutor Luiz e volte mais algumas vezes para visitá-los e continuar os entendimentos.

– Você tem razão, Jô. Apesar de ser um assunto de caráter pessoal, vou verificar com o doutor Luiz a possibilidade de novas visitas.

– Sim, faça isso. Até porque, o programa reencarnatório contempla nossa aproximação cada vez mais amiúde. No seu caso especialmente, dada à situação, algumas visitas extraordinárias poderão ser de grande proveito.

Chegamos rápido e nos dirigimos para casa, buscando descansar um pouco, porque o domingo nos esperava com passeio com as crianças e Vera.

Capítulo 9

Aprendendo sempre

Durante a semana de trabalho pude conversar com o doutor Luiz e receber autorização para visitar meus futuros pais. Foi sugerido por ele que convidasse alguns legionários para me acompanhar para o caso de encontrar alguma entidade que quisesse se vincular ao casal, mais especificamente ao meu futuro pai.

Suas observações extremamente válidas, em relação as nossas propostas de mudança, não obedecem necessariamente o mesmo vigor em sua realização.

Disse ele:

– Sabemos que o Evangelho ensina a perdoar. Apesar de aceitarmos que o exercício do perdão é salutar e solução definitiva em nossas vidas, nem sempre conseguimos aplicá-lo imediatamente, pois arraigados em nossos pontos de vista, não queremos abrir mão do nosso orgulho ferido.

– Os propósitos de Armando, seu futuro paizinho são nobres e cristãos, mas como qualquer árvore que inicia o seu crescimento, necessita de rega e cuidado constante.

– Alegro-me com sua disposição e dedicação, não somente em seu próprio benefício, Orlando, mas também, todo o auxílio que você estará prestando ao irmão que irá recebê-lo como filho.

– "Ajuda-te, e o Céu te ajudará". Foi o que Jesus nos ensinou em relação ao nosso esforço e o Codificador, brilhantemente iniciou o Capítulo 25 da obra "O Evangelho Segundo o Espiritismo" com o ensinamento registrado por Mateus, 7:7 a 11.

– Sim, doutor! "Pedi e se vos dará; buscai e achareis; batei à porta e se vos abrirá...". Perfeito! Falei por minha vez.

– Ele buscava fortalecer em nós a confiança pessoal

e, a fé em Deus. Somente acreditando em nós mesmos é que poderemos robustecer a fé em Nosso Pai, não é verdade, Orlando?

– Tem razão, doutor, me empenharei ao máximo!

– Vá em frente, meu filho, que Jesus o acompanhe.

Voltei para casa, naquele final de quarta-feira, mais confiante. Joana chegou logo em seguida e notou que me sentia melhor quanto às experiências que me aguardavam. Incentivou-me para que não perdesse tempo e procurasse realizar uma visita na noite seguinte.

Achei sua sugestão bastante razoável e liguei para três legionários, perguntando se poderiam me acompanhar, no que fui atendido prontamente.

Na quinta-feira à noite, nos preparamos em prece e ajeitamos alguns equipamentos necessários. Embarcamos no veículo que nos transportaria até a casa de Armando e Clotilde. A viagem foi rápida e tranquila. Nosso transporte nos deixou em frente à casa dos meus futuros pais.

Ao entrarmos no jardim pude verificar que a entidade que havíamos encontrado na semana anterior, encontrava-se na varanda da casa, conversando com outras duas, sobre as novas disposições do casal.

– Escutei uma conversa entre os dois dizendo algo

sobre um sonho, com anjos e baboseiras dessa nature-za. Dizia o Espírito que a prece de Joana o afastara no sábado anterior.

– E aí Narciso, como ficou essa história? – perguntou um deles.

– Foram para a igreja no domingo e depois da missa, na segunda-feira à noite, começaram a fazer preces, em uma espécie de reunião. O mais incrível é que o Armando que era o meu fornecedor nos finais de semana, não bebeu nada no domingo. Impressionante isso! Você acredita?

– Não dá para entrar na casa e darmos um jeito nessa história toda? Você sabe que posso ajudá-lo dando algumas sugestões de forma mais incisiva. As técnicas hipnóticas que aprendi com meus superiores costumam ajudar muito nestas horas.

– Eu sei, Tonico, mas a porta se fechou depois das preces da segunda-feira.

Neste momento, eu e meu grupo que não estávamos sendo vistos pelo trio, entramos em prece e fazendo um exercício mental adensamos nossos perispíritos para sermos percebidos.

Quando vi que poderia intervir, pois já me encontrava em padrão vibratório semelhante àquelas entidades, falei:

– E vocês não poderão ter mais acesso. Desta forma, recomendo que se afastem de uma vez, ou se quiserem, poderão nos acompanhar para um local adequado de tratamento para os transtornos de natureza química.

Aquele que eu identificara como Narciso, virou-se em minha direção com olhar fulminante e disparou:

– Quem você pensa que é para vir dando ordens aqui no meu reduto?

– Não vim para provocá-lo, Narciso. Somente para fazer um convite.

– Como você sabe o meu nome? Quem é você, seu intrometido.

– Sou um amigo do casal e posso ser seu amigo também. Sei o seu nome, pois ouvi seu amigo chamá-lo quando cheguei.

– Não quero sua amizade. Já tenho muitos amigos e não preciso de mais ninguém. Saiam daqui porque não tememos ninguém e se demorarem mais um pouco, mando vocês para o inferno.

Dizendo isso, tirou do bolso um revólver antigo e enferrujado, e apontou em minha direção.

– Não precisamos de violência. Viemos em paz, e em nome de Jesus.

A entidade que se chamava Tonico gritou:

– Atire logo neste imbecil, Narciso. Acabe com ele logo de uma vez.

Notei que Narciso empunhava a arma, mas tremia da cabeça aos pés, enquanto Tonico continuava gritando para que atirasse.

Finalmente Narciso respondeu aos gritos:

– Não posso, não posso! Cale-se, não consigo fazer isso. Lembro-me de meu filho. Deus, meu filho...

Imediatamente as lágrimas caíram dos seus olhos, enquanto Tonico e o outro se afastavam, insultando-o com palavras duras:

– Narciso, você é um moleirão, estúpido. Como me deixo envolver por esse tipo covarde...

Aproximei-me mais enquanto Narciso caía de joelhos dizendo:

– Ajude-me por misericórdia. Essa arma é o símbolo da minha desgraça. Por Deus, ajudem-me...

– Acalme-se meu irmão, você está entre amigos. – disse por minha vez – Narciso entre lágrimas de desespero começou a desabafar:

– Estou no inferno, no inferno. Por uma discussão com minha esposa, quando me encontrava bêbado, tentei matá-la e meu único filho tentou intervir para que eu não cometesse tamanha barbaridade e esse revólver disparou. Matei meu menino. Era um menino de apenas 14 anos. Meu Deus! Mereço o inferno. Mereço desaparecer, porém não consigo...

– Narciso, vamos orar e pedir ajuda a Deus Nosso Pai e a Jesus. Ore comigo o Pai-Nosso. Você sabe orar?

– Sei, mas Deus não irá me perdoar.

– Deus nos ama, Narciso. Oremos.

Comecei a prece do Pai-Nosso, acompanhado por Narciso entre soluços e lágrimas de total desespero. Ao término, um dos nossos legionários ofereceu-lhe uma medicação calmante.

Ele aceitou agradecido. Estava agora um pouco mais tranquilo e continuou seu desabafo:

– Depois da morte de meu filho, fugi para a rua, mudei de cidade, me afoguei na bebida e vivo hoje sem eira nem beira. Sei que morri porque vi meu corpo sendo consumido pelos vermes e tento desaparecer, no entanto, não consigo. Meu Deus! Sei que estou perdido nesse inferno em que eu vivo.

– E vocês, quem são? Anjos que vêm visitar aqueles que vagam pelo mundo?

– Não somos anjos, Narciso. Somos irmãos falíveis como você. Poderemos levá-lo a um local de tratamento para que um dia, depois de sua recuperação, você possa reencontrar seu filho e trabalharem juntos para Jesus.

– Aceita nosso convite? Quer vir conosco?

– Sim, quero. O que mais eu posso pedir nesse momento, senão um pouco mais de paz. Estou sentindo muito sono, muito sono...

– Descanse, Narciso. É o efeito da medicação que ministramos. Quando despertar, você estará entre amigos que auxiliarão em sua recuperação. Nada tema e se entregue a Deus.

Ele adormeceu profundamente e os legionários providenciaram uma maca para transportá-lo até o nosso veículo.

Solicitei que eles o levassem para um dos nossos postos de socorro, enquanto eu iria procurar realizar a minha visita aos meus futuros pais. Os legionários retornariam para me buscar mais tarde.

Agradeci e bati na porta suavemente.

Capítulo 10

Semeando amor

Armando e Clotilde já estavam desdobrados pelo processo do sono e me receberam, como se eu fosse um mensageiro de Deus ou uma espécie de anjo.

Fiz questão de enfatizar que era apenas um irmão que vinha em nome de Jesus para saber como eles estavam passando e quais tinham sido os benefícios que a recente reunião do Evangelho no lar havia trazido para a paz doméstica.

Eles responderam com entusiasmo, no entanto, tinham consciência que estava apenas iniciando e precisariam manter o foco e insistir na proposta de mudança de hábitos.

A conversa de Armando com o padre da paróquia tinha sido muito motivadora. Ele fora estimulado sobre a necessidade de buscar uma instituição que auxilie dependentes químicos a se manterem firmes e distantes da utilização da substância. Em seu caso, o mais indicado seria os Alcoólicos Anônimos.

Disse, por minha vez, que o motivo da minha visita era ampará-lo nos desafios desta nova postura e sempre que possível, eu estaria junto deles para estimulá-los neste direcionamento. Preferi não entrar em detalhes quanto à nossa situação futura, porque os conceitos católicos de nascimento no planeta, não deveriam ser de maneira nenhuma, alterados por imposição ou petulância de minha parte.

O importante era o contato que facilitaria minhas ligações perispirituais com a futura mãezinha, tendo o total apoio vibratório de Armando, que seria o meu pai e orientador de meus passos por um largo tempo, em minha nova reencarnação.

Conversamos por um par de horas, até o veículo de transporte chegar, quando os convidei para uma prece.

Foi Clotilde que se antecipou e fez a prece da Ave-
-Maria, com um intenso sentimento maternal que nos
envolveu de uma maneira tão significativa, que ao término, todos nós estávamos com os olhos mareados
de emoção.

Despedi-me feliz, com a promessa de retornar na
semana seguinte. Eu sabia bem que o meu tempo se
reduzia sobremaneira. O processo reencarnatório batia
à porta.

O uso frequente da medicação que estávamos utilizando já promovia certas modificações interessantes em meu corpo, dando-me a impressão de estar
cada vez mais sutilizado e por vezes, interferindo
também em minha maneira de pensar, fazendo que
eu me sentisse um pouco mais seguro e confiante.
Claro que não se tratava de nenhuma poção mágica,
porque sabemos que somos senhores de nossas vidas
e as mudanças não se operam de fora para dentro. Nenhum medicamento faria alterações em mim, senão
aquelas que eu quisesse pelo exercício continuado.

Mas na verdade me ajudava. Dava-me a impressão
de oxigenar mais meu cérebro, tornando o raciocínio
mais veloz e menos obstruído de preocupações, que no
meu caso era o maior problema.

Mas o maior bem que eu promovia para mim mesmo, era o interesse pelo próximo, que por vezes, não querendo generalizar, erroneamente acreditamos fazer caridade para os outros, quando são os nossos semelhantes que nos dão a oportunidade de exercitarmos o amor, despertando e fazendo que nossos sentimentos que estão em potência, possam germinar e crescer.

Lembrei-me da Parábola do Semeador, uma das minhas preferidas, onde Jesus foi extremamente claro sobre o posicionamento de cada um em relação às verdades encontradas no Evangelho, falando da semente que caiu em terreno fértil, conforme registrado por Marcos e Mateus.

Busquei no meu inseparável exemplar de bolso de "O Evangelho Segundo o Espiritismo", Capítulo XVII – Sede Perfeitos, para reler e meditar um pouco sobre tão profundo ensinamento: – *Naquele dia, saindo Jesus de casa, assentou-se à borda do mar. E vieram para ele muita gente, de tal sorte que, entrando em uma barca, se assentou, ficando toda a gente de pé na ribeira; e lhes falou muitas coisas por parábolas, dizendo: Eis aí que saiu o que semeia a semear. E quando semeava, uma parte das sementes caiu junto da estrada, e vieram às aves do céu, e comeram-na. Outra, porém, caiu em pedregulho, onde não tinha muita terra, e logo nasceu, porque não tinha altura de terra. Mas saindo o sol se queimou, e porque não tinha raiz, se secou. Outra igualmente caiu sobre os espinhos, e crescendo os espinhos, a afogaram. Outra enfim caiu em boa terra, e dava fruto, havendo grãos que rendiam a cento por um, outros a sessenta, outros a trinta. O que tem ouvidos de ouvir, ouça. (Mateus, XIII: 1-9). Ouvi, pois, vós outros, a parábola do semeador. Todo aquele que ouve a palavra do Reino e não a entende, vem o mau e arrebata o que se semeou no seu coração; este é o que recebeu a semente junto da estrada. Mas o que recebeu a semente no pedregulho, este é o que ouve a palavra, e logo a recebe com gosto; porém, ele não tem em si raiz, antes é de pouca duração, e quando lhe sobrevêm tribulação e perseguição por amor da palavra, logo se escandaliza. E o que recebeu a semente entre espinhos, este é o que ouve a palavra, porém os cuidados deste mundo e o engano das riquezas sufocam a palavra, e fica infrutuosa. E o que recebeu a semente em boa terra, este é o que ouve a palavra e a entende, e dá fruto, e assim um dá cento, e outro sessenta, e outro trinta por um. (Mateus, XIII: 18-23).*

De fato, todos nós somos solos e, passados mais de 2.000 anos que Jesus esteve entre nós, sabemos que é necessário deixarmos nossos pontos de vista equivocados e abrirmos os nossos corações para que o amor seja semeado produzindo em abundância.

Chegando a colônia, fui para casa. O dia amanhecia e era preciso dar continuidade às tarefas e treinar os meus substitutos.

Capítulo 11

Difícil despedida

Mais uma semana passava quando Miriam ligou para comunicar que tudo estava aprovado e preparado para o nosso processo inicial de reencarne.

Como o tempo havia passado rápido... Estávamos às voltas com uma nova experiência na carne, porém, no meu caso particularmente, agora um pouco mais consciente e confiante.

Doutor Luiz também nos ligou dizendo que estava com tudo preparado para dar continuidade no tratamento e acompanhamento de Jaime, Rosângela e Vera.

Joana, com o desenvolvimento espiritual alcançado, teria mais condições de acompanhar as crianças, durante o processo de gestação e também, durante mais alguns anos, quando estaria estagiando em um corpo infantil. Até os 4 anos de idade, sua lucidez como Espírito seria completa, podendo desta maneira, durante o sono, estar devidamente desdobrada e acompanhar as crianças e Vera de perto.

No meu caso, teria maiores dificuldades de controle mental. A influência do organismo físico neutralizaria muito mais minha lucidez e a facilidade de manter-me senhor de toda a situação. Sabia que a evolução é conquista de muito trabalho, não existindo privilégios nas Leis de Deus. Ainda teria que fazer muito esforço para alcançar resultados como os conquistados por Joana.

Apesar disso considerava-me feliz porque minha pouca evolução ensinara-me a ser uma nova criatura mais renovada e lutava muito para me evangelizar.

Recebemos pelo comunicador o texto marcando o dia do início de nossa internação no Centro de Reencarnação. Tratamos de comunicar os amigos, parentes e colaboradores, a respeito de nossa partida.

Aqueles que puderam nos visitar vieram nos fortalecer com seus votos e preces de confiança nos desafios aos quais nos candidatávamos, Alguns reencarnados durante o sono, desdobrando-se naturalmente, também compareceram.

A emoção tomava conta de todo meu ser. Joana demonstrava muito mais tranquilidade e equilíbrio obviamente, mas para mim, a sensação era de estar morrendo de novo.

Pensei honestamente que enfrentar todo o processo fosse mais fácil. No entanto, em determinados instantes ainda vacilava por receio de falhar diante das provas que iria enfrentar. A principal delas seria a condição de permanecer firme diante da dependência química que seria para mim uma tendência acentuada. Lembrava-me de minhas conversas com os amigos de nossa dimensão quando falavam de suas visitas aos familiares que continuavam reencarnados. Muitos deles mantinham a crença equivocada de que a morte do corpo traz santidade ou capacidades extras quando a realidade é bem outra, porque continuamos herdeiros de nós mesmos, sem qualquer acréscimo de facilidades. Temos aquilo que merecemos, por meio da construção dos nossos valores imperecíveis ensinados por Jesus, anotado por Mateus 6:19-21: *"Não* ajunteis tesouros na terra, onde a traça e a ferrugem tudo consomem, e onde os ladrões minam e roubam; Mas ajuntai tesouros no céu, onde nem a traça nem a ferrugem consomem, e onde os ladrões não minam nem roubam. Porque onde estiver o vosso tesouro, aí estará também o vosso coração".

Como Jesus é a verdade cristalina em todos os instantes de nossa evolução! Tinha somente aquilo que havia ajuntado, o que no meu caso era muito pouco, mas, como diz o ditado popular: "o pouco com Deus é muito e o muito sem Deus é nada".

Não buscava me conformar com frases de efeito, apesar da simplicidade delas, mas, tinha experimentado na pele, que o bem, minimamente realizado, constrói verdadeiros castelos de amigos e de amor. Estes eram os valores imperecíveis que eu reconhecia agora serem de importância fundamental diante das novas experiências.

Pena que muita coisa que eu admitia e aceitava no fundo do coração ainda tinha grandes dificuldades em materializá-las no meu dia a dia. Mas que valor tem a vida, senão insistirmos em nossos objetivos de maneira continuada?

Entre uma visita e outra, uma ligação recebida ou

um texto no meu comunicador, as lágrimas corriam abundantemente pela minha face. Sentia a dificuldade em deixar, mesmo que por momentos, a família, os parentes, e os amigos novamente. Abençoados são os Espíritos que já conquistaram o amor e a confiança plenos em si mesmos e em Deus, porque o apego, pelo menos em minha parca condição evolutiva, ainda era significativo.

Venceria? Não poderia dizer. Mas como era teimoso, como muitos me consideravam, morreria tentando, ou melhor, reencarnaria, desencarnaria, tentando...

Joana, notando que me esforçava na luta anterior para vencer as preocupações que me assolavam, com muito carinho falou:

– Orlando, meu querido, nada tema. Teremos um ao outro e manterei certo grau de consciência durante o período da primeira infância e estarei sempre fortalecendo você, como você me fortalecerá com o seu carinho e amor. Não nos esqueçamos de nossos amigos, tanto nesse plano como também na Terra, além do amor de Nosso Mestre e Senhor e de Deus Nosso Pai, que não nos falta em tempo algum.

– Tenhamos fé. Venceremos apesar das dificuldades.

– Sim, Jô. Acredito que sim, mas não tinha ideia que

seria tão delicado o processo de reencarne. Temo pelo período da adolescência e juventude, quando somos muito mais ousados. Digo naturalmente isso, somente no meu caso, não posso generalizar.

– Você tem razão, no entanto, pondere que estaremos juntos desde cedo. Conheceremo-nos ainda crianças e poderemos estar juntos nos momentos felizes e, principalmente, nos instantes mais difíceis.

– Agora, seu chorão – disse sorrindo – vamos nos aprontar para ir ao Centro e tratarmos de nossa internação para o início de nosso processo reencarnatório.

Capítulo 12

Minha nova vida

Quando chegamos, Miriam estava a nossa espera na porta. Cumprimentamo-nos amigavelmente e fomos conduzidos para um aposento onde seríamos devidamente preparados. Utilizaríamos uma medicação para sermos posteriormente levados para as câmaras de redução perispirítica.

A situação de minha futura mãezinha era mais propícia à gravidez, sendo eu o primeiro a partir. Joana seria mais nova, com uma diferença de dez dias no máximo, entre os nascimentos.

Troquei de roupa e vesti um avental muito leve, com a recomendação de ingerir um suco saboroso que me levaria a uma sonolência profunda.

Despedi-me de Joana, com lágrimas. Ela ficaria comigo até a minha internação na câmara.

Deitei-me em uma cama confortável após sorver todo o líquido da taça que me fora ofertada. Miriam adentrou ao ambiente e recomendou-nos a prece.

Recordo-me que foi Joana a responsável pela oração de partida. Iniciou com uma rogativa a Jesus e a Deus para que suas bençãos envolvessem a todos naquele instante. Comecei a sentir profundo bem-estar, enquanto uma chuva brilhante caía sobre todos, envolvendo-me totalmente. O som da voz de Joana foi ficando cada vez mais distante e adormeci profundamente.

Não saberia precisar quanto tempo depois eu acordei. Uma sensação de carinho e ao mesmo tempo de certa restrição de mobilidade nos primeiros instantes do meu despertar foi o que chamou a minha atenção.

Aos poucos fui me inteirando da situação, vendo meus futuros pais conversarem e fazerem planos diante de roupinhas e o berço que já estava montado. Coisas simples, mas tudo que arrumavam estava envolto por muito amor e respeito ao filhinho que chegaria nos próximos meses.

Minha futura mãe estava com um mês de gravidez pelo que pude perceber. Naturalmente não havia dormido exatamente um mês. O tempo que vivemos no plano espiritual, conforme já havia experimentado, é muito mais rápido. A impressão que temos da dimensão na Terra é que tudo e todos se movem em câmera lenta.

Meu pai torcia por um menino e já havia escolhido um nome para mim de um dos avós: Orlando! Fiquei pasmo quando ouvi. Era o meu próprio nome. Estava sendo literalmente herdeiro de mim mesmo, até no nome.

Clotilde, a futura mãezinha simplesmente dizia que o mais importante era a saúde do bebê, não necessariamente importando o sexo. Apesar de sonhar com certa regularidade com um menino.

Não consegui conter a emoção e num gesto de muito respeito e agradecimento, abracei a ambos pedindo a Deus que nos abençoasse principalmente aqueles que se dispunham a tão nobre tarefa, a de serem pais.

Os dias passavam e tinha maior capacidade de discernimento do que ocorria ao meu redor.

Sabia pelas aulas e livros consultados nos meus cursos de evangelização que poderia, se tudo desse certo, manter um bom grau de consciência até mais ou menos quatro anos de idade. Após esse período, o organismo fisiológico teria cada vez mais preponderância e gradativamente perderia a lucidez do adulto para voltar a ser criança. Essas informações estavam disponíveis aos nossos irmãos espíritas desde há muito e, naquele momento, pensei em como seria maravilhoso se todos os pais tivessem esta informação. A questão da rejeição, talvez pudesse ser melhor avaliada e evitada, sabendo que muitos Espíritos reencarnantes têm exata noção do que se passa, do que se fala e principalmente do que se sente em relação a ele.

Logo, seria surpreendido pela redução do tempo que ficaria consciente. Após leve estremecimento em meu corpo, produzi um choro estridente, registrando somente naquele momento, alguém, provavelmente o médico, dizendo:

– Aqui está o Orlandinho, com um fôlego daqueles para chorar. Parabéns!!!

Quando adormecia, tomava ciência do que se passava ao meu redor, com mais lucidez, por meio do desdobramento natural. Durante o estado de vigília, que era muito curto, não percebia as coisas claramente. As brincadeiras de meu pai para comigo, chamando-me de campeão, o carinho de minha mãe, com seus afagos e beijos constantes, transmitiam pra mim energias superiores de amor e alegria.

Tempo! O santo remédio de Deus. Como passa rápido...

Logo estava andando e um instante depois, brincando com meus coleguinhas. Foi nesse período que encontrei Paula. Senti-me ligado ao seu coração de imediato, pois era a minha Joana reencarnada.

Todas as informações depois dessa fase da vida ficariam registradas em minha memória que pude acessar posteriormente no fim desta reencarnação que narro na presente obra.

Por esse tempo, já havia perdido a consciência de mim mesmo. Meus sonhos eram infantis, voltados para as coisas da presente existência.

Fui para a escola, não sem antes dar um pouco de trabalho para meus pais porque sentia perder por instantes a proteção materna. Sentia-me muito seguro ao lado de minha mãe, como se ela fosse a heroína de minha vida, tendo o meu pai como um verdadeiro super-homem.

Minha colega de classe e amiga estava lá no primeiro dia de aula. Paula estava sentada em uma carteira próxima a minha, transmitindo-me segurança. Às vezes, falava comigo como se fosse minha mãe. Adulta, firme e carinhosa, para em seguida chamar-me para brincar na hora do recreio.

Dizia que eu seria seu noivo e casaria comigo quando crescesse. Isso me transmitia uma segurança sem igual, deixando-me mais confiante.

Na adolescência, começamos a namorar e foi o relacionamento com ela que me livrou do envolvimento com drogas ou bebida. Tinha uma firmeza quando falava comigo e tamanha dose de amor que me envolvia em uma aura de proteção, onde eu me achava docemente entregue em suas mãos que pareciam serem feitas do mesmo material do seu coração amoroso.

Éramos dois românticos, reencarnados meio fora do nosso tempo, onde por vezes nos pegávamos parados olhando para a Lua, como se recordássemos de algum lugar que havíamos estado, não fazia muito e nem tampouco seria distante.

Como era de família espírita, convidou-me algumas vezes para assistir palestras no Centro que frequentava. Resisti a princípio, mais por respeito aos meus pais que eram católicos praticantes e haviam me inserido e educado na religião deles.

Eu era muito grato, mas na primeira oportunidade que tive de assistir uma palestra na casa espírita, ministrada pelo próprio pai de Paula, fiquei convencido de que deveria ser espírita de nascença, pois o que ele falava sobre a obra "Nosso Lar", de André Luiz, por meio da mediunidade de Francisco Cândido Xavier, dava-me a nítida impressão de já ter vivido algo semelhante aquilo que era narrado pelo Espírito.

Fiquei encantado e logo estava estudando a Doutrina e em pouco tempo, trabalhando como voluntario no Centro, ao lado de Paula.

Algumas vezes, conversando com aquela que era o amor de minha vida, disse-lhe:

– Sabe, sinto que o nome de Allan Kardec tem profunda ligação comigo. Como se fosse possível morar em algum lugar que pudesse ter pertencido a ele, sei lá...

– Orlando, eu sinto o mesmo. Minha mediunidade começa a aflorar cada vez mais. Sinto, vejo e percebo certas situações que me ligam a uma existência onde estávamos juntos, em dimensões diferentes, tanto na Terra como no plano espiritual, onde o nome do Codificador fez parte de nossa vida, sendo esse perí-

odo de muita responsabilidade, mas também de muita felicidade.

– Que interessante, Paula. Às vezes, em grau reduzi-
do sinto a mesma coisa. Engraçado, não?

Capítulo 13

Nossos filhos

Depois de algum tempo frequentando o Centro e participando dos cursos, fui convidado para ingressar no trabalho voluntário de distribuição de sopa aos sábados.

Com a idade de 16 anos, trabalhava durante o dia como balconista de uma loja de ferramentas e estudava à noite. Tinha a intenção de cursar administração de empresas para mais tarde, quem sabe, poder gerir meu próprio negócio.

Minha semana era sempre cheia e corrida. Encontrava-me com Paula à noite no colégio e, nos finais de semana, trabalhávamos juntos no Centro. Não podia reclamar da vida, que ia muito bem, sem grandes novidades ou sobressaltos.

Quando chegavam as férias escolares fazia coincidir com o mesmo período do meu trabalho e íamos à praia, onde ficávamos hospedados na casa de uma tia de Paula.

Para variar, o tempo passou rápido e quando estávamos com 23 anos, resolvemos que poderíamos nos casar. Eu já estava formado em administração de empresas e Paula, em finanças. Nossos pais achavam que éramos muito novos, porém, eu já havia iniciado minha própria empresa, na atividade que havia trabalhado desde a adolescência e Paula estava empregada em uma boa companhia multinacional na área financeira.

Tínhamos condições para levar uma vida razoável, financeiramente falando, apesar do esforço que eu fazia para que o meu comércio prosperasse. Havia aberto a loja há dois anos aproximadamente e lutava para conquistar maior número de clientes.

Na casa espírita, minhas atividades haviam se ampliado, porque depois de formado, pude incluir mais algumas atividades à noite, durante a semana.

Foi nessa época, que comecei a receber pela psicografia, mensagens iniciais de estímulo e trabalho constante de um amigo espiritual que se apresentava com o nome de Miguel. Dizia ele que havíamos trabalhado juntos, não fazia muito tempo e que havíamos tido uma convivência curta, porém proveitosa nas atividades do bem ao semelhante, quando de minha estada no plano espiritual.

Alertou-me de compromissos assumidos que exigiriam muito trabalho e dedicação de minha parte, junto com Paula. Não nos faltaria apoio, mas, que continuássemos firmes nas atividades voluntárias, porque elas nos garantiriam contato permanente com Espíritos amigos, interessados no sucesso de nossa presente reencarnação.

A mediunidade de Paula apresentava maior clareza, com destaque às comunicações espirituais de uma amiga que se apresentava como Miriam. Esporadicamente, ela recebia mensagens psicografadas ou psicofônicas de duas entidades mais elevadas que se chamavam respectivamente, Luiz e Augusto. Não nos recordávamos exatamente destes nomes, apesar de sentirmos profundo carinho para com essas entidades, denunciando uma amizade sincera e abençoada por Jesus.

Não demorou muito e Paula engravidou, para nossa surpresa, de gêmeos.

O início da gravidez não trouxe muitas novidades. Somente algumas poucas indisposições, consideradas normais por seu médico.

Porém, o tempo nos traria surpresas delicadas em relação aos nossos filhos. Sabíamos tratar-se de um casal e os exames realizados constataram que o menino teria sérios comprometimentos e limitações com a síndrome de Down. A menina, no entanto, apresentava condições mais satisfatórias.

Para mim especialmente, foi um choque, de difícil administração. Lembro-me claramente que alguns conhecidos, não espíritas e pouco ligados a qualquer tipo de religiosidade, sugeriram para que recorrêssemos ao aborto.

Como às vezes, conseguimos ser tão ingênuos! Acreditando que ao nos livrar de uma situação difícil, não estaremos entrando em um problema maior. Claro que eu não poderia generalizar e também me cabia o respeito à opinião de outras pessoas. Apesar de a hipótese ser absurda, minha fé, naquele momento, vacilante, me levava a questionar Deus sobre o que nos reservara na condição de pais.

Paula, mais equilibrada, sempre recorria à bondade divina, dizendo que não fora o acaso que nos trouxera tamanha responsabilidade e que as crianças seriam amadas intensamente, não importando a condição de saúde que apresentassem.

Em relação aos nomes, decidimos em conjunto que se chamariam Luiz e Miriam, exatamente os mesmos nomes dos amigos espirituais que se apresentavam com regularidade pela mediunidade de Paula. Sem o sabermos conscientemente, eram Jaime e Rosângela que retornavam ao nosso convívio.

Honestamente, se eu não tivesse a querida esposa ao meu lado e o suporte da Doutrina Espírita, talvez sucumbisse ao desespero, diante da situação das crianças.

Continuamos a preparar tudo para recebê-los, adicionando as leituras extras para entender a síndrome para que o nosso menino pudesse contar com pais mais informados de suas necessidades.

Transcorreu normalmente o período de gestação e eles nasceram em procedimento de parto normal.

Apesar de saber que teríamos muito que enfrentar, o mais importante naquele momento era a confiança que Deus depositava em nossas mãos, materializada em nossos filhos.

Eu e Paula agradecemos em prece tamanha benção. Ela era confiança e alegria puras. O mesmo não acontecia comigo.

E uma das piores loucuras que eu poderia ter cometido aconteceu por volta desse período, quando um dos clientes de minha loja presenteou-me com uma garrafa de uísque para que eu comemorasse o nascimento dos filhos.

Claro que a responsabilidade não era dele e sim totalmente minha quando resolvi abrir a garrafa para tomar uma dose.

– Aliás, que mal teria nisso? Perguntei para mim mesmo.

Capítulo 14

Avisos importantes

Não havia experimentado bebida alcoólica até aquele instante. O odor do álcool produzia um profundo mal-estar sem que eu pudesse ter uma explicação conveniente para aquilo.

Mas apesar daquela primeira dose ter descido queimando garganta abaixo, senti que despertava em mim certa intimidade com a bebida.

A partir daquele dia, comecei a tomar uma dose diária para relaxar.

Depois que Paula e as crianças vieram do hospital para casa, comecei a beber diariamente. Utilizava todos os pretextos para uma dose, mesmo contrariando a esposa, que insistia em alertar para os problemas do álcool, não só pela dependência nociva, como também pelo problema das interferências nas atividades mediúnicas. Por agravante, existia o problema do exemplo para os nossos filhos.

Não percebia que a tendência começava a tomar corpo em minha vida. No final de cada expediente, depois que fechava a loja, passava no bar para tomar uns tragos com funcionários, clientes e amigos.

Não tinha o direito de jogar um pouco de conversa fora e rir de algum fato engraçado ou de algumas piadas?

Evitava beber nos dias que ia ao Centro, porém, quando voltava da reunião, necessitava de uma dose. Para disfarçar o hálito, e evitar discussões com Paula, apelava para balas de sabor acentuado.

Meu Deus, como somos tolos em querer enganar os outros quando na verdade, enganamos apenas a nós mesmos!

A vida com as crianças se mostrava sempre repleta de atividades. Os cuidados médicos com os gêmeos, principalmente para com o menino, exigia-nos muito esforço e comecei a associar os meus momentos de alegria com o álcool. Nesta época já demonstrava certo grau de dependência. O discurso do dependente sempre é o mesmo:

– A bebida não me controla; eu controlo a bebida. Posso parar quando quiser. Pois sim!

Estava sendo controlado gradativamente, apesar dos mentores amigos me alertarem para o problema. Certa feita, Miguel, o amigo mais constante, falou-me abertamente sobre tendência e dependência, dizendo que no meu caso, eu trazia tendências muito perigosas em relação ao álcool.

Ensinava ele ainda que o livre arbítrio da criatura é respeitado, sendo possível desenvolver a dependência química, em qualquer momento de nossa vida. No meu caso, insistia, era muito mais grave esta situação.

Dei a devida atenção, na proporção exata daqueles que se acham acima do bem e do mal e senhores de si mesmos. Em outras palavras, não acreditei que pudesse acontecer comigo.

Doce ilusão, ou melhor, dizendo, grande pretensão.

Paula lutava como podia, respeitando-me o direito, mas alertando-me de nossas responsabilidades, entretanto, eu demonstrava ares de superioridade.

As crianças não estavam bem? Eu não tinha tomado as rédeas de toda a situação financeira? Havíamos conversado longamente sobre Paula deixar sua carreira no mercado de trabalho para se dedicar exclusivamente a Luiz e Miriam.

Ela aceitou com naturalidade o fato porque ser mãe para ela era o ponto mais importante, pelo menos nesse momento de sua vida. Mantinha-se atualizada pelo estudo constante. Além disso, ela era extremamente ativa nos serviços do Centro que frequentávamos.

Esse era outro aspecto que comecei a negligenciar aos poucos. Às vezes, algum cliente, um amigo ou funcionário, insistia para que tomássemos alguma coisa, mesmo no dia que eu tinha meus compromissos na casa espírita.

Fui gradativamente me tornando negligente com as atividades assumidas. Não abandonei totalmente, mas as faltas aconteciam.

Paula passou a insistir de forma mais enérgica para que eu procurasse ajuda especializada para tratar de minha dependência do álcool que se acentuara, indicando também o tratamento espiritual adequado.

Considerei essa possibilidade e participei de algumas reuniões dos alcoólicos anônimos, mas sem muito interesse em continuar.

Em nossa casa espírita, participei de algumas reuniões de assistência espiritual, mas desculpava-me sempre, por não conseguir chegar no horário porque a loja exigia demais a minha presença.

Foi neste período que comecei a sonhar com um senhor que se apresentava como médico. Despertava por vezes no meio da noite sendo firmemente alertado por ele sobre a questão da dependência. Chamava-se doutor Jairo.

Certa vez, cheguei a divisá-lo entre o estado de vigília e o sono, quando se dirigindo a mim, disse:

– Orlando, você não poderá dizer em momento algum que está faltando a assistência necessária diante do problema que você deliberadamente está criando para si. Sua negligência aos nossos avisos poderá custar-lhe muito caro. Entidades desequilibradas na dependência começam a fazer parceria com você e em se aprofundando esse cometimento, a administração de sua vontade poderá ser seriamente comprometida.

– Lembre-se de seus compromissos de pai, chefe de família e trabalhador da Seara do Cristo. Na condição de irmãos em Jesus, não podemos impor nossa vontade de imediato sobre a sua pessoa porque você mantém, ainda, certo domínio sobre si mesmo. Todavia, não permita que esta situação vire pesadelo tirando de você o dom mais precioso que Deus nos deu: a liberdade de conduzir-nos por conta própria. Chega determinado momento que o enfermo precisa de internação imediata, diante dos riscos a si e aos seus semelhantes. Em nome de Jesus, não permita que isso ocorra. Pense nisso!

Capítulo 15

Atitude responsável

O alerta da entidade que se apresentou como Doutor Jairo produziu em mim profundas reflexões sobre minha vida e a maneira como a estava conduzindo.

No entanto, foi uma conversa com Paula que me trouxe de volta do poço em que eu estava literalmente me afundando. Sua energia fez que eu retomasse o bom senso quando se posicionou como esposa, mãe e mulher responsável, alertando-me:

– Orlando, que você decida sobre a sua vida da maneira que lhe aprouver, é totalmente respeitável, sob o ponto de vista individual, mas, em seu caso particular, você não vive só, suas responsabilidades como pai, marido, chefe de família e empresário, não permitem que você pense somente em si mesmo, sem levar em conta os reflexos de suas atitudes.

– Sua postura está se tornando cada vez mais irresponsável, em seus exemplos dados a nossos filhos, parentes e amigos. Incluo ainda nesse rol, suas atividades como voluntário na casa espírita que somos filiados.

– Suas faltas constantes negligenciam o compromisso que ninguém o obrigou a assumir. Você voluntariou-se por pura decisão pessoal e, se assim foi, não é adequado abandonar tarefa e companheiros de maneira inconsequente. Ademais, suas faltas na assistência espiritual promovida em seu favor, com desculpas que só você aceita como verdadeiras, demonstram sua irresponsabilidade para consigo mesmo, sem mencionar o desinteresse em seu tratamento junto aos alcoólicos anônimos.

– Saiba que este alerta não consiste em ameaça alguma de minha parte ou das entidades amigas que trabalham no centro, por meio da minha mediunidade.

Porém, o Espírito que se apresentou para você como Doutor Jairo manteve contato comigo em minhas tarefas mediúnicas na semana passada e avisou-me que falaria abertamente com você.

– Para mim, o fator mais preocupante em relação a sua enfermidade que se aprofunda sem que haja disposição sincera de sua parte em auxiliar-se a si mesmo, é o fato da intercessão que eles estão autorizados a fazer em seu favor.

– Intercessão, Paula? Que tipo de intercessão eles falaram?

– Por misericórdia, irão suprimir o seu livre arbítrio caso seja necessário, em virtude das responsabilidades de nosso programa reencarnatório, por meio de alguma enfermidade que poderá se instalar em seu organismo.

– Orlando, não posso ser a única responsável por nossos compromissos. Casamento, filhos, família, tem importância fundamental e pede, melhor, exige comprometimento de ambas as partes. Estamos em um relacionamento onde a sua vontade não pode desrespeitar a minha.

– Em relação à família, lembro mais uma vez, que sua constituição é sagrada, onde o próprio Jesus valorizou-a, respeitando-a até o ponto de recomendar sua mãe ao seu apóstolo nos seus momentos finais na cruz.

– Ele não disse:

– "João, cuide de minha mãe".

Seu direcionamento foi mais profundo e respeitoso, conforme registrado em João 19:26-27: *"Ora Jesus, vendo ali sua mãe, e que o discípulo a quem ele amava estava presente, disse a sua mãe: Mulher, eis aí o teu filho. Depois disse ao discípulo: Eis aí tua mãe. E desde aquela hora o discípulo a recebeu em sua casa".*

– Você sabe que terá todo o suporte que necessitar, não só de minha parte, mas de nossos amigos, parentes e trabalhadores do Centro, porém, a parte que lhe cabe é somente sua. Não deixe passar as oportunidades que estão sendo oferecidas não somente a você, mas a todos nós.

Minhas lágrimas não puderam ser contidas. Virando-me para Paula e sentindo que do seu coração eram emitidas vibrações de profundo respeito e amor por minha pessoa, respondi:

– Você tem razão em tudo que está dizendo. Agradeço profundamente o amor que você tem por mim, este amor verdadeiro que não contempla ou concorda com os meus equívocos, mas que acima de tudo, procura me educar. Saiba que eu farei de tudo para honrá-lo e continuar merecendo-o.

– Deus me ajude, pois sei Paula que não será fácil a luta que devo empreender.

– Essa luta não é somente sua, meu querido. Estamos juntos e tendo disposição e fé em Deus, sairemos vitoriosos.

Capítulo 16

Mudanças necessárias

Entendia agora, sentindo na pele, a dificuldade encontrada pelo dependente químico, quando da sua decisão de mudança de hábito.

Procurei na companhia de Paula, um psiquiatra para acompanhamento e medicação necessária, além das reuniões dos alcoólicos anônimos, como também a assistência espiritual no Centro Espírita que frequentávamos.

A luta era terrível, principalmente quando alguns

aspectos depressivos começaram a ficar mais acentuados. A falta da bebida me deixava às vezes perder o sentido das coisas. Em determinados instantes parecia ouvir apelos de entidades me convidando para uma rápida visita ao bar que não ficava distante de minha loja. Quando não, as sugestões eram realizadas diretamente por algum funcionário, cliente ou amigo.

O apelo do álcool realmente é torturante. Porém, com o auxílio amoroso de Paula e de amigos sinceros, fui vencendo os primeiros degraus dessa escalada difícil. Acreditava em determinados momentos que sucumbiria novamente aos chamados da bebida.

Polidamente fui rejeitando convites e quando participava de algum evento, não me separava de um copo de suco ou água mesmo.

O "evite o primeiro gole" tinha papel fundamental para mim. Estava novamente senhor da situação, mas, com todos os cuidados e vigilância que ela exigia.

Novamente, quando estava prestes a adormecer, a experiência que houvera tido com Doutor Jairo, se repetiu, agora com outro Espírito.

Disse que havia me conhecido quando ingressei na colônia em que continua residindo e trabalhando e, que havíamos nos tornado amigos, voluntários em serviços de assistência. No princípio, fui assistido em uma das atividades sob sua coordenação e com o tempo, tornei-me um excelente colaborador. Apresentou-se como Rodrigo e me parabenizou pelo esforço mais uma vez empreendido no domínio de minha dependência.

Pude notar pela minha vidência que se tratava de um jovem que detinha vibração elevada. Iniciou o diálogo informalmente como um amigo que me conhecesse há muito tempo:

– Que bom rever você, Orlando. Tenho acompanhado seu esforço na presente reencarnação e fico satisfeito por suas conquistas.

– A dependência é uma questão muito séria e vencê-la, como você agora bem sabe, exige um esforço gigantesco, principalmente nos primeiros instantes de nossa proposta de mudança.

– A natureza demonstra em todos os instantes que a recuperação é possível e nós, como Espíritos que somos, temos em nosso DNA divino, a força que pode mover montanhas, como bem ensinou Jesus. Desistir não é pertinente a nossa estrutura íntima, apesar de que, podemos durante séculos ou porque não dizer milênios, nos deixar levar por essa verdadeira enfermidade, que em se aprofundando, deixa-nos a margem de nós mesmos.

– Mas, como filhos do Altíssimo, nunca somos abandonados pelo Seu amor que reergue e estimula o nosso crescimento. Dia virá que o nosso esforço pessoal será coroado pela capacidade de tornarmo-nos senhores e senhoras de nossos destinos, nos conhecendo verdadeiramente, atingindo e materializando a proposta de Sócrates, quase quinhentos anos antes de Cristo, quando nos orientou a conhecermo-nos a nós mesmos.

– Conhecer a nós mesmos é a base da reforma íntima que tanto lutamos para realizar, mas que um dia nos dará o fruto doce das conquistas espirituais, quando o homem do mundo aplicará o "amar ao próximo como a si mesmo", em todas as suas atividades. Neste dia que não tardará muito, as relações sociais de qualquer natureza, experimentarão a glória de viver em paz com respeito absoluto por si mesmo e por toda a criação divina.

– Sou portador de uma mensagem carinhosa sobre suas lutas na presente reencarnação, meu amigo. Em breve tempo, você e Paula poderão desfrutar da companhia de mais um filhinho.

– Outro filho? Quanta responsabilidade...

– Orlando, o professor entrega as lições ao aluno de acordo com a sua capacitação. Os filhos são os votos da confiança de Deus, materializado na vida das pessoas, uma verdadeira renovação de esperanças para que o ser encarnado no planeta possa colaborar, não somente em seu processo evolutivo, mas também e, principalmente, no trabalho da evolução da vida no planeta.

– Fique na paz do Cristo e saiba que todos nós, seus amigos e irmãos do coração, continuaremos a velar por você e por sua família. Lembre-se, com Deus tudo nos é possível. Nunca desista dos projetos de trabalhar pelo seu bem e do seu semelhante.

A imagem de Rodrigo foi esmaecendo deixando em mim uma profunda saudade de tempos outrora vividos. Não me lembrava do local ou do período, porém, tinha certeza que nossa amizade era real. Aliás, a verdade é sentida, porque quando dita, transmite a vibração que lhe é inerente. A mentira também!

Capítulo 17

Revolta

Aos poucos fui me reintegrando aos trabalhos voluntários da casa espírita que frequentava com Paula e meus filhos.

A casa oferecia uma assistência espiritual para crianças. Notávamos que este tratamento produzia profundo bem-estar nos gêmeos. Depois das sessões de fluidoterapia, percebíamos alterações benéficas e significativas, principalmente durante o sono de Luiz. No seu caso, apesar de suas dificuldades acentuadas em comunicar-

-se, era acometido por pesadelos que se repetiam quase todas as noites, quando notávamos em Luiz uma grande agitação.

Os gêmeos contavam agora com 6 anos de idade e exigiam vigilância e cuidados constantes.

Apesar de minha situação financeira ser razoável, não nos era possível ter assistência particular de uma enfermeira. Recorríamos a uma instituição beneficente onde as crianças eram muito bem tratadas e estimuladas em seu desenvolvimento.

Foi nesta época que o dirigente de nosso Centro Espírita convidou-nos a participar de um trabalho específico de evangelização de nossos irmãos desencarnados, mais conhecido por desobsessão. Dizia ele que o termo doutrinação era demasiado porque ninguém é doutrinado, e sim, aceita, se, e quando quiser a proposta de modificação, por meio do Evangelho de Jesus.

Depois de algumas semanas estava no trabalho como médium de sustentação. Certa noite apresentou-se uma entidade com atitudes de muita revolta e extremamente sarcástica. Iniciou sua conversa referindo-se a mim, de maneira jocosa:

– Orlandinho santinho, paizinho daquele monstro que desgraçou minha família. Finalmente encontrei vocês há alguns meses. Sou eu que surro todas as noites aquele idiota que você tem como filho.

– Não pense você que por ele estar com grau de consciência reduzida, não vou aplicar-lhe o corretivo que merece. É fácil, eu o agarro durante a noite quando sai do corpo durante o sono.

– O miserável buscando atender sua dependência assaltou minha loja e tirou a vida de minha esposa na minha frente.

– Agora que eu o encontrei, não pense que vou deixá-lo em paz! Não adianta você vir a esta reunião de carolas metidos a santinhos. São todos doentes, piores do que você ou o seu garotinho.

Nesse momento o dirigente interveio, demonstrando firmeza e, acima de tudo, muito amor e respeito:

– Meu irmão, por favor, acalme-se. Estamos em uma reunião de paz em nome de Nosso Senhor Jesus Cristo.

– Para início de conversa – respondeu a entidade -, não sou seu irmão e, pouco me importa se vocês estão reunidos em nome de Jesus, de Deus ou de qualquer outro.

– Não pedi para vir aqui. Fui empurrado para esse ambiente por um intrometido que praticamente me forçou. Eu disse que não queria, mas ele garantiu que encontraria o pai daquele maldito que infelicitou a minha vida. Quero dizer para o pai dele que não deixarei aquele sujeito em paz. Se é seu filho é porque coisa boa você também não é.

– Entendemos que você esteja aborrecido em relação ao ocorrido, mas poderemos resolver esta questão em harmonia. Do que vale a vingança neste momento? Ela não trará a companhia de sua amada esposa. Ademais, a revolta faz com que você simplesmente continue a viver no passado, revendo cenas e situações desagradáveis, sem dar-se conta de que seu desejo de vingança impede seu avanço e a união com a esposa querida.

Nosso dirigente mantinha-se tranquilo e profundamente inspirado. Pude divisar pela vidência, uma entidade muito amorosa, porém firme ao seu lado.

O companheiro revoltado voltou à carga:

– O que você quer de mim? Não tenho nada contigo e por acaso esse cidadão aí, foi se meter como pai do assassino. Vou fazer justiça com as minhas próprias mãos. Não vou sossegar, enquanto não matar o bandido para tê-lo totalmente em minhas mãos.

Dizendo isso, retirou-se do ambiente de maneira brusca, deixando-me com o rosto banhado em lágrimas.

Quanto o meu filho poderia ter prejudicado aquela criatura sofredora e infeliz? Eu não tinha acesso às informações de outras existências, mas sentia que as dificuldades enfrentadas pelo filho querido, tinham razão de ser, pois nada acontece pelo simples acaso, porque sabemos da justiça e do amor de Nosso Pai para conosco.

Conversei depois da reunião com o nosso dirigente que se mostrou confiante, esclarecendo-me:

– Orlando, nada tema. Esse nosso irmão irá retornar, porque já conseguimos um primeiro contato. Esses trabalhos exigem profundo exercício de paciência, principalmente diante da revolta e do acentuado desejo de vingança.

– Que devo fazer, digo, nós, eu e Paula, para colaborarmos no sentido de amenizarmos a situação que o Luiz está vivenciando? Como reduzir a atuação deste nosso irmão sobre ele?

– Na realidade, meu amigo, além do Evangelho no lar, que eu sei que já é praticado por vocês, faça prece junto ao leito do seu garoto, além do costume habitual. Quando as crises de pesadelo ocorrerem, ore pelos dois, por seu filho e pelo irmão enfermo que se encontra à distância, com certeza, promovendo o seu sofrimento e desespero. Como você não ignora, ambos são enfermos: a vítima e o algoz.

– Não convém sabermos os detalhes desse embate, mas sim trabalharmos firmemente para minimizarmos o sofrimento de ambos.

– Faz sentido, meu irmão. Agora entendo as crises que presenciamos nos últimos meses. Paula, minha esposa, mais observadora, já havia comentado comigo que acreditava ser assédio de alguma entidade.

– Orlando, confiemos em Deus Nosso Pai, que é justiça e bondade e aguardemos que o tempo nos traga as respostas necessárias para encontrarmos uma solução adequada para o problema de ambos. De momento, o que precisamos fazer é continuar trabalhando firmemente na Seara de Jesus.

Capítulo 18

Fixação mental

Retornei para casa abatido com a situação que presenciara. Quando cheguei, Paula me esperava com as crianças. Após receber-me alegremente, reparou meu semblante carregado e perguntou:

– O que está se passando, Orlando? Está tudo bem?

– Sim e não, Paula. Estou bem, mas ao participar da reunião de Evangelização desta noite, tive uma desagradável surpresa.

– As suas suspeitas se confirmaram. Nosso Luiz tem

um envolvimento espiritual que eu diria ser muito sério, pelo que pude observar nos argumentos utilizados pela entidade que se apresentou. Mostrou-se como verdadeira inimiga dele, incluindo-me como cúmplice indireto.

– Apesar de ser desnecessário o comentário, porque o mal não merece satisfação, você pode em poucas palavras contar-me o que ocorreu, meu querido?

Narrei os fatos resumidamente, conforme a solicitação de Paula, procurando não entrar em minudências nos assuntos de natureza desagradável, para não desequilibrarmos nossos pensamentos, baixando o nível vibratório.

– Eu já esperava por isso, Orlando. O comportamento de nosso filho querido, apesar de suas limitações por ser uma criança especial, demonstrava com seu sono extremamente agitado, uma influência de natureza perniciosa.

– Houve alguma recomendação especial feita pelo dirigente da assistência?

– Sim, Paula. Devemos orar como de costume e adicionar a prece sempre que o Luiz demonstrar qualquer agitação.

– Sem dúvida. Creio firmemente que a prece não só

irá atuar em todos nós, mas principalmente na entidade que está controlando nosso menino à distância. Teremos que usar de muita paciência nesse período. Concorda, Orlando?

– Com certeza. Nosso dirigente acredita que o Espírito que se comunicou hoje, deverá retornar em breve.

– É possível, Orlando. Porém, vamos fazer a parte que nos compete. Vamos recorrer à prece e dar continuidade a leitura do Evangelho Segundo o Espiritismo para as crianças todas as noites, como de costume.

Após a leitura e as orações da noite com as crianças, nos recolhemos ao nosso quarto para o repouso.

Pelo desdobramento natural provocado pelo sono, me vi fora do corpo, na companhia de Paula, que irradiava imensa luz rosa azulada, principalmente de seu centro cardíaco.

Alguns instantes depois apresentou-se à entidade que já havia se comunicado comigo, de nome Rodrigo, dizendo:

– Paz em Cristo!

– Orlando, estou aqui para acompanhá-los na visita que faremos para o irmão que busca vingar-se de seu filho. Você não se recorda, mas, já estivemos juntos muitas vezes em trabalho semelhante em regiões de profunda dor.

– Aliás, meu amigo, você já foi responsável por atividades desta natureza. Sei muito bem que não seria necessária minha companhia porque você conta com Joana, digo, Paula, como é conhecida na presente existência. Porém, para que servem os amigos, senão para compartilhar todos os momentos de nossas vidas, não é?

– Sim, senhor Rodrigo. Muito obrigado por seu interesse.

– Sempre o Orlando formal, de outros tempos... – respondeu sorrindo.

– Rodrigo, lembrarei de todos estes detalhes quando despertar?

– Não, pela própria influência do corpo físico, aliado a tudo que você presencia ou irá presenciar e que está sendo registrado pelo seu cérebro perispirítico e não o cérebro que serve ao seu corpo de carne. No entanto, ficará tudo gravado com você e, um dia, quando for narrar a presente experiência, a memória espiritual estará intacta e à sua disposição.

– Estamos com tudo preparado. Podemos ir, meus amigos?

Entramos em veículo de transporte rápido, que eu

não conhecia na Terra. Provavelmente deveria ter experenciado muitas situações parecidas, porém a benção da reencarnação nos suprime de vários aspectos em relação à própria consciência quando estamos fora do corpo físico. Esse era o meu caso porque percebia em Paula uma condição natural, como se estivesse em meio e ambiente totalmente conhecido e dominado, evidentemente essa característica se devia a sua elevação espiritual.

Chegamos a um ambiente de miserável aspecto, em região escura e desagradável. O odor de carne em putrefação era fortíssimo. Ao nos aproximarmos de um casebre de portas abertas, pude divisar uma cena horripilante.

Uma entidade encontrava-se agachada próxima a um cadáver que estava vestido de mulher, em gritos de desespero, demonstrava sua revolta e desejo de vingança.

– Ele irá pagar o que me fez. Não descansarei enquanto não liquidar aquele infeliz que desgraçou minha existência...

– Quando tirá-lo do corpo definitivamente, o arrastarei como um cão pela coleira, maldito, maldito...

Olhei para Rodrigo e Paula que demonstravam paz em seus semblantes.

Paula sugeriu que me mantivesse em prece, enquanto ela aproximou-se da entidade e aplicou-lhe passes no centro coronário, frontal e cardíaco.

A pobre criatura não nos registrava a presença e, ao receber o tratamento magnético que minha esposa aplicava, acalmou-se e adormeceu ao lado daquela figura decomposta.

Rodrigo convidou para a prece, preparando-nos para o regresso.

Estava atônito com a situação. Ao entrarmos no veículo que nos conduziria de volta ao nosso lar, não contive a curiosidade e perguntei:

– Rodrigo, não podemos fazer mais nada para esse Espírito?

– Na realidade Orlando, Paula já fez o bastante por hoje. Iniciamos o tratamento deste nosso irmão. Lembre-se de que a medicação não pode ser ministrada toda de uma vez. É necessário cautela e bom senso.

– Retornaremos mais algumas vezes e também estimularemos que nosso irmão participe de algumas reuniões na casa espírita que vocês frequentam. Tudo ao seu tempo...

– E aquela cena infeliz e desagradável, como é possível aquilo?

– O pobre companheiro desencarnou logo depois da esposa, segundo tenho anotado nos apontamentos que recebi. Foi acometido de um enfarto do miocárdio por não suportar a dor da separação. Ao sair do corpo em definitivo, ficou ao lado do cadáver da esposa que já estava sepultada há algumas semanas.

– Naturalmente que a cena não é real. Trata-se de forma pensamento que o pobre irmão alimenta de maneira doentia. Ele vive em processo de profunda fixação mental, tanto na figura da esposa, como também, no desejo de vingança.

– Meu Deus, Rodrigo... mas e o odor e os demais detalhes?

– Orlando, o homem na Terra ainda está distante dos conhecimentos em relação à capacidade mental de cada um de nós. A mente pode produzir maravilhas, como presenciamos nos instantes que Paula se prontificou ao auxílio, mas pode também, construir verdadeiras aberrações para a criatura que viva no terreno enfermiço da vingança.

Paula ouvia em silêncio acenando com a cabeça, concordando com as explicações de Rodrigo.

– Temos ainda que nos exercitar muito para aprender a utilizar este nosso potencial não, Rodrigo?

Nesse instante, foi Paula que pediu polidamente a palavra e concluiu:

– Foi exatamente isto que Jesus ensinou quando disse que nós somos deuses, que poderíamos fazer o que ele fazia e muito mais. Sabemos que nos encontramos distantes ainda dessa condição, mas o importante é não perder o foco e buscar a realização de nossas atividades embasadas sempre no amor.

Com estas palavras registradas subitamente despertei, olhando ao meu redor, tendo a nítida impressão que havia divisado a figura de um amigo muito querido se despedindo.

Capítulo 19

O médico de nossas almas

Aquele sonho de natureza real me impressionara fortemente. Encontrando Bruno, nosso dirigente no trabalho de Evangelização, no dia convencionado para a nossa reunião, fiz questão de narrar o episódio, pelo menos o que me foi possível recordar dele.

Algumas cenas mais marcantes estavam relacionadas ao atendimento de uma entidade, que me pareceu ser a aquela que perseguia meu filho.

Ele, como de costume, respondeu minhas dúvidas calmamente:

– Orlando, não é incomum nos trabalhos voltados para a desobsessão nos encontrarmos durante a noite, no processo natural do desdobramento, com Espíritos que iremos atender em nossas atividades.

– Digo um pouco mais. Na grande maioria das vezes, o trabalho desobsessivo tem início no plano espiritual, onde podemos colaborar diretamente. Sua experiência junto ao companheiro equivocado que exige a justiça das próprias mãos deverá facilitar, assim esperamos, o nosso trabalho em relação ao seu despertar.

– Vamos orar para que tenhamos em breve sua companhia e que possamos oferecer a proposta renovadora do Evangelho de Jesus.

Agradeci ao querido dirigente e durante a reunião, aguardei com ansiedade o comparecimento daquele irmão.

O que eu acreditava como óbvio, não ocorreu. A entidade não compareceu e, ao término de nossa reunião, falei novamente com Bruno, que mais uma vez fez questão de esclarecer:

– Meu amigo, os Espíritos não estão a nossa disposição, como muitas pessoas inadvertidamente pensam. São seres humanos como nós, somente desprovidos de um corpo de matéria densa. Não são mordomos ou peças decorativas para que possamos transmitir-lhes ordens ou mover-lhes de lugar como bem nos aprouver.

– São criaturas com livre arbítrio e não estão à disposição de quem quer que seja apesar da pretensão de alguns, que pensam possuir alguma superioridade e acreditam falsamente que podem manipular consciências ao seu bel prazer.

– Algumas entidades por vezes se submetem, em virtude do desconhecimento a respeito de sua própria condição de desencarnadas. Porém, tão logo se vejam livres do algoz manipulador, podem por vezes se sentirem tão ultrajadas, que viram verdadeiros perseguidores daqueles que os prejudicaram e os utilizaram nos período de ignorância, quando se encontravam totalmente fragilizados.

– São na realidade os equívocos dos pretensiosos, Orlando. Eles acreditam que tudo podem e que tudo conhecem, quando na realidade, estão mais perdidos do que aqueles que buscam manipular. Claro que nas leis divinas nada fica impune e, a consciência responsável pelos desmandos, um dia buscará a corrigenda necessária para si mesma.

– Aqueles que manipulam, por vezes pedem provas

semelhantes para experimentarem aquilo que produziram em mentes verdadeiramente infantis.

– O nosso Codificador já nos alertava que os Espíritos não são elementos de laboratório que possamos manipular de acordo com os interesses de nossas experiências.

– Entendo, Bruno. Agradeço seus esclarecimentos sempre enriquecedores para mim.

Despedimos-nos com um abraço fraterno e retornei para o meu lar, envolvido em profundas reflexões.

As semanas passavam rapidamente, em virtude da quantidade de compromissos profissionais e das responsabilidades familiares. Ambas ocupavam intensamente nossos dias, tanto os meus, como também da minha querida esposa.

Praticamente depois de um mês, estava participando das atividades mediúnicas de desobsessão, quando notei que uma entidade aproximou-se de mim, emitindo vibração de animosidade.

Não demorou muito, para que ocorresse sua manifestação por intermédio de um dos médiuns mais experientes:

– Olá, Orlandinho... Como vai o protetor daquela víbora de mente lesada? Você não pensa que eu te esqueci, pensa? Disse gargalhando sarcasticamente.

Bruno interveio de imediato:

– Vejo que o amigo retorna para darmos continuidade ao diálogo que infelizmente foi interrompido bruscamente em nosso primeiro contato. Estamos reunidos para o trabalho em nome de Jesus e você, é muito bem-vindo.

– Não quero saber da sua reunião, nem tampouco de Jesus. Para mim, vocês não passam de lobos em pele de cordeiro, querendo parecer os santos que não são.

– Vocês são como esse aí, o tal do Orlando, que convive e protege como filhinho do coração aquele assassino que terei o maior prazer de dar cabo da vida inútil que ele leva. – respondeu a entidade de forma agressiva.

– Entendemos e respeitamos a postura do amigo, que, aliás, não sabemos o nome.

– Não interessa o meu nome. Por que você está se envolvendo em assunto que não lhe pertence?

– Todos os assuntos relacionados com o trabalho que ora realizamos em nome de Jesus, não nos pertencem diretamente, é verdade, mas estamos na condição de copartícipes dos assuntos aqui tratados. Portanto, eles nos dizem respeito.

– A dor, a revolta, a vingança, o rancor, o remorso

e tantos outros nos dizem respeito quando nos propomos a trabalhar com o Cristo. Todos que se encontram aqui entendem que são responsáveis em buscar minimizar a dor daquele irmão que se apresente em nosso ambiente. Logo, você, meu irmão, nos diz respeito.

– Não queremos detalhes de seu problema, somente gostaríamos de poder dividir o fardo que o amigo carrega no ombro, para o alívio que talvez você necessite por alguns minutos.

– Você tem palavras doces, mas não sabe verdadeiramente o que é sofrer. Quando não se está envolvido no sofrimento do outro, as palavras surgem muito fáceis...

– Entendo que não posso sentir por você. Nisso estou de acordo. Mas, posso apresentar um lenitivo para aplacar a sua dor, não toda de uma vez, porém, tenho certeza que poderá ser minimizada. É medicação poderosa, porque o médico que a receitou, é de natureza divina. – concluiu Bruno calmamente.

– Que medicação? Que médico?

– Amigo, a medicação é a prece e o médico é Jesus. Você não gostaria de nos acompanhar na oração ensinada por ele há mais de 2.000 anos?

– Qual, o Pai–Nosso?

– Sim, essa mesma!

Bruno iniciou em seguida a belíssima prece do Pai-Nosso que aos poucos e com muita dificuldade, foi sendo repetida pela entidade comunicante.

Quando terminaram a prece em conjunto, o comunicante disse:

– Preciso ir agora porque tenho que voltar para cuidar de minha esposa. Ela me espera.

– Antes que você se retire, meu amigo, poderia dizer qual o seu nome? – Questionou nosso dirigente.

– Sou conhecido como Grego, por conta da minha descendência.

– Grego, você não precisa retirar-se do nosso ambiente para encontrar sua esposa, nós pedimos para que ela viesse até aqui para encontrá-lo.

Através do médium, a entidade gritou emocionada quando pôde ver a figura da esposa:

– Gertrudes! Gertrudes... Não pode ser verdade, você está viva... Não é possível... Eu vi quando aquele rapaz atirou em você, ceifando-lhe a vida...

A emoção tomou conta, não somente do Espírito manifestante, mas, principalmente de todos nós.

Bruno agiu rapidamente:

– Veja, Grego. Não é mais necessário que você continue buscando a sua Gertrudes. Ela está aqui para que vocês possam recomeçar a caminhada juntos novamente. Veja como Jesus é de fato o médico de nossas almas.

– O senhor tem razão. Vou com a minha Gertrudes e deixarei que Deus cuide daquele que um dia me infelicitou a vida.

– Deus cuida de todos nós, Grego, porque ele nos ama. Cabe a você o esforço do exercício do perdão. Vá na paz de Jesus.

Quando a entidade se retirou, elevei a Deus a minha prece de agradecimento, não somente por conta do meu filho, mas principalmente pelo fato de o poder de seu amor em nos conscientizar o que somos acima de tudo: "irmãos".

Capítulo 20

A vida se renova

Quando me dirigi ao lar naquela noite, estava aliviado com o fato de a entidade ter compreendido sua situação infeliz e modificado o desejo de se vingar de Luiz.

Entendia que os comprometimentos mentais que meu filho vivia, denunciavam atitudes comportamentais muito sérias, advindas de outras existências, ceifando de maneira drástica o seu livre arbítrio. Tinha consciência que Deus nos ama e que somos os responsáveis pelo bem ou pelo mal que praticamos. Logo, não poderia haver injustiça. Mas o fato do obsessor ter resolvido afastar-se pela aceitação consciente de que a vingança e a falta do perdão são inúteis e somente nos mantêm presos ao passado, sem oportunidade de divisarmos o futuro, comprometendo nossa evolução já consistia uma benção divina em favor do filho querido.

Naturalmente, por mais que entendesse essa situação, de forma clara e racional, com o embasamento doutrinário, por meio do estudo e trabalho constantes no processo da minha reforma íntima, uma situação era difícil de ser administrada: meus sentimentos. Acima de tudo, eu era pai e qual o pai ou mãe que não desejaria ver seu filho bem, saudável, consciente e podendo levar uma vida semelhante às de outras crianças?

Luiz jamais poderia ter essa possibilidade, pelo menos na existência presente. Vivia instalado em sua cama e não podia brincar ou correr como as crianças de sua idade, só saía de casa em uma espécie de carrinho de bebê, adaptado às suas necessidades. Mirian, sua irmã, demonstrava atitudes e condições mentais muito mais claras, com limitações que chegavam a ser praticamente insignificantes, se comparadas às do irmão.

Nunca procurei saber ou especular sobre aquilo que provavelmente poderíamos ter experenciado juntos em outras existências. Isso não era importante para mim ou para Paula.

Notava com clareza, que no caso de minha esposa, sua atitude era sempre de profunda dedicação às crianças, sendo muito mais uma missão de amor do que um resgate, diferente do que naturalmente era o meu caso. Sentia isso no meu íntimo claramente. As condições em que reencarnamos e nossos sentimentos são demonstrações claras de nossa realidade espiritual, eles não mentem.

Tinha certeza de que reencarnávamos com aqueles que prejudicamos ou nos acumpliciamos em outras existências, como ensinado por Emmanuel, o elevado mentor de Francisco Cândido Xavier, o nosso querido "Chico".

Meditando nestes pontos que eram importantes para minha vida, cheguei em casa.

Paula me recebeu feliz, estimulando Mirian e Luiz, dentro de suas possibilidades, a demonstrarem sempre muito carinho pelo papai, assim como a outro familiar ou amigo que nos visitasse.

Depois de nosso leve jantar, que geralmente não

passava de um caldo reconfortante e suficiente para uma boa noite de sono, conversamos um pouco sobre o trabalho da noite, relatei brevemente o ocorrido, em relação às novas disposições da entidade que buscava a revanche com Luiz.

Paula, sempre muito tranquila, dava-me a impressão de conhecer muito mais do que realmente demonstrava.

– Tinha certeza, Orlando que a situação se resolveria amorosamente. Como Deus e Nosso Mestre Jesus são bons para conosco, não?

– Costumo dizer, Paula que Deus só não é melhor comigo porque eu não deixo. – respondi sorrindo.

– Pois ele está de novo nos abençoando meu querido.

– ?????

– Fiz o teste de gravidez hoje pela manhã e deu positivo. Estou grávida novamente!!!!

– Grávida? Meu Deus, que alegria, realmente uma benção Paula. Parabéns, mamãe...

Levantei e abracei Paula, tentando naquele instante iluminado, transmitir-lhe todo o meu afeto e admiração por minha nobre companheira que certamente já fora meu amor em outras vidas.

O ambiente iluminou-se de todo, não conseguíamos conter as lágrimas de alegria e satisfação.

Naquele instante somente pensava na bondade e confiança divina que é dispensada para os pais neste planeta.

Lembrei-me dos ensinamentos de Jesus sobre a valorização da família, o respeito pelo semelhante e amor ao próximo, sempre foram a tônica do seu Evangelho Redentor.

Retomei o diálogo, dizendo:

– Por que você não me disse antes, não me ligou?

– Você acha que eu perderia a oportunidade de festejarmos pessoalmente? Nada pode substituir a beleza do momento de estarmos perto daqueles que amamos. A troca de energias superiores, de natureza divina, juntamente com as bençãos que recebemos de Deus e de Jesus representam a maior festa que a criatura possa participar meu querido.

– As pessoas, não todas obviamente, por vezes não avaliam que uma simples troca de olhares com aqueles que amamos, podem substituir as mais belas declarações de amor que possamos verbalizar.

Dizendo isso convidou-me a prece de agradecimento ao Pai pelo dom da vida e eterna gratidão pela confiança em depositar em nossas mãos, um dos seus filhos muito amados.

Capítulo 21

Exercício do amor

Tão logo o médico confirmou a gravidez de Paula, uma nova alegria se fez presente em nossas vidas. Um filho é uma das maneiras mais interessantes que Deus nos premia para a oportunidade do exercício do amor.

Paula estava bela e radiante, como todas as futuras mamães ficam ao confirmarem a gravidez. Uma aura iluminada envolve essas criaturas responsáveis em trazer uma nova criaturinha ao mundo. Coisa de pai coruja, alguns costumam dizer. Porém, somente estando na dimensão espiritual, de onde narro a história de nossas vidas é que se pode verificar em profundidade a beleza da maternidade. Lembro de inúmeros fatos, pelo menos os mais importantes, que experenciei na última existência e comprovam que o amor de mãe é o mais próximo do amor que Deus sente por nós.

Não cansava de repetir para mim mesmo o ensinamento de Emmanuel por meio de Chico Xavier que as mães são os médiuns de materialização de Deus porque materializam o corpo físico do Espírito para que o Senhor da vida possa entregar-lhes mais um de seus filhos ou filhas de sua criação.

A gravidez estava ainda no início quando recebemos uma ligação do médico obstetra que acompanhava o pré-natal de Paula.

Comparecemos ao consultório do doutor Maurício, tendo a intuição de que algo poderia não andar bem em relação à gravidez.

Fomos recebidos muito cordialmente pelo médico que iniciou o diálogo cauteloso:

– Bem, chamei vocês para esta consulta porque já estão comigo os resultados dos exames que solicitei a sua esposa.

Foi Paula que tomou a palavra:

– Pois não, Doutor, do que se trata? Algo grave?

– Não diria que é grave, porém, diz respeito à vida do futuro bebê. O resultado nos pede uma atitude mais cuidadosa.

– Solicitei a coleta de vilosidades coriônicas que consiste na retirada de uma pequena quantidade de placenta com material genético idêntico ao do bebê. Ela foi realizada na nona semana de gravidez e o resultado foi positivo. Este exame confere 99% de precisão.

Eu que já não podia mais controlar a minha ansiedade, pois já vivenciara esta mesma situação em relação aos gêmeos, perguntei:

– O senhor quer dizer que o futuro bebê tem 99% de chance de ter a Síndrome de Down, como o nosso Luiz.

– Vamos fazer mais alguns exames, Orlando. No entanto, a possibilidade é muito grande.

Parecia naquele instante que o mundo desabara mais uma vez sobre minha cabeça.

Não que eu possuísse qualquer tipo de preconceito com relação à Síndrome ou qualquer outro tipo de enfermidade, incluindo as questões de cor, raça, credo ou orientação sexual. Nisto, a Doutrina Espírita tinha colaborado na minha revisão de conceitos, sendo o

Evangelho de Jesus o norte de minha existência. Mas a notícia no mínimo me surpreendeu e chocou! Teríamos mais um filho com dificuldades! Um filho especial! Paula mantinha-se tranquila, não só por ser a mãe dedicada que era, mas acima de tudo, pela elevação espiritual que detinha.

Não consegui conter a avalanche de lágrimas que banhou rapidamente meu rosto. Perguntei a mim mesmo, em tom que foi suficiente para que Paula ouvisse:

– O que eu fiz para merecer isso?

Ela, como sempre veio ao meu socorro, restituindo-me o equilíbrio:

– Orlando, não pense assim. Não se trata de quem fez o quê. E, sim, a oportunidade que temos em auxiliar a nós mesmos por nossa dedicação e amor, ao querido Espírito que está sob nossa responsabilidade.

– Sabemos que Deus Nosso Pai é justo. Sendo assim, não é possível que sejamos vítimas de qualquer equívoco. Como bem sabemos pelos nossos estudos realizados na Doutrina, somos herdeiros de nós mesmos, sendo responsáveis por nossos próprios desmandos.

– No entanto, não entendo que sejamos vítimas dentro desses desafios que estão a nossa frente e sim, que as situações atuais e futuras, nos trazem a oportunidade em auxiliar, como já disse, a nós mesmos e ao nosso semelhante.

– Para nós, repito, esta é a chance de exercitarmos o amor e para nossos filhos, a oportunidade da regeneração.

– Paula, perdoe-me os momentos de vacilo em minha fé. Infelizmente não consigo ainda deixar de ser o homem velho do mundo, cheio de egoísmo, orgulho e vaidade. Você tem razão minha querida. Por vezes não entendemos a oportunidade que Deus nos dá para melhorarmos o nosso procedimento em relação ao próximo.

– Sim, Orlando, é fato. O amar ao próximo como a si mesmo é simples no discurso, porém, exige esforço, aliás, muito esforço, para sua materialização em nossas vidas.

Quando fitei doutor Maurício, percebi que ele assistia ao nosso diálogo boquiaberto.

Virando-se para Paula, tentou dizer alguma coisa, no que foi gentilmente interrompido:

– Não se preocupe doutor, estamos bem. Eu, meu bebê e também o meu marido porque entendemos que Jesus não irá nos faltar em nossas necessidades. Nosso bebê será recebido com todo o amor que pudermos dar a ele. Tenho certeza que a experiência que temos com os nossos gêmeos, nos fortalecerá diante deste novo desafio de amor.

Depois de mais algumas indicações e orientações quanto aos resultados dos exames, ao nos levantarmos para as despedidas do estimado médico, ele virando-se para Paula, disse:

— Paula, saiba que você me inspira ao exercício do amor. Sou católico, como você bem sabe e, durante as suas breves palavras, veio-me a mente o cumprimento do anjo Gabriel a Maria, mãe de Nosso Senhor, quando ele cumprimentou-a respeitosamente:

— "Ave Maria, cheia de graça"...

— Digo-lhe Paula: ...O Senhor é convosco.... — Porque nunca vi em meus muitos anos de trabalho, tanto equilíbrio e amor em um coração materno como o que acabo de presenciar.

— Bondade sua doutor, que tem um coração nobre. — respondeu Paula com verdadeira humildade em suas palavras. E estendendo a sua mão em despedida, completou:

— Que Deus e Jesus continuem a nos iluminar sempre. Muita paz!!!!

Capítulo 22

Amigos espirituais

No caminho de volta para casa tentei manter o astral, porém, nunca fui muito bom em disfarçar meus sentimentos. Paula me conhecia profundamente e era dona de uma percepção ímpar.

Sabia muito bem que eu estava casado com uma amiga espiritual de longa data, cuja evolução era maior do que a minha. Poderia sem sombra de dúvida fazer uma comparação muito ao gosto comum: eu era a água; Paula, o vinho.

No entanto, a companheira amada sempre esteve ao meu lado, me sustentando em minhas fragilidades, deficiências que eu conhecia bem, e desta forma, me auxiliava a buscar meu processo de renovação e alcançar o controle de meus pensamentos e atos.

Ela soube me respeitar nos momentos em que meus pensamentos mais me afligiam.

Sabia que no Universo o acaso não existe, mas sempre é muito difícil a administração do dia a dia em relação às lutas que já travávamos, principalmente quanto ao Luiz, que pouco ou nenhum avanço demonstrava em seu desenvolvimento mental.

Amava os meus filhos, mas minha fé, dada a minha reconhecida pequenez espiritual, era vacilante.

Recolhi-me cedo, buscando amenizar a situação com algumas horas de sono.

Não sei como, mas acabei adormecendo profundamente. Saí do organismo físico pelo desdobramento natural e encontrei-me com um amigo espiritual que me envolveu em um forte abraço dizendo-me:

– Orlando, meu caro, você talvez não se recorde de mim, porém, sou um amigo seu que continua velando por vocês na dimensão que me encontro. Chamo-

-me Jairo, sou médico responsável por um hospital que você um dia frequentou como paciente e trabalhador quando se encontrava no plano espiritual, antes da presente reencarnação.

— Tenho recebido notícias suas com regularidade e saiba que tanto eu como outros amigos que você possui, continuamos a vibrar pelo sucesso de todos vocês.

— Doutor Jairo, seu nome não me é totalmente desconhecido, mas ainda não tenho condições necessárias para recordar detalhes da minha última passagem pelo plano espiritual antes da presente existência.

— Não se preocupe, Orlando. Geralmente isso ocorre com muita regularidade para a grande maioria dos reencarnados. Porém, dia virá que manteremos a lucidez e a consciência necessária entre uma reencarnação e outra, assim como recordamos dos fatos ocorridos no dia anterior. Isso tudo se dará à medida de nossa evolução, quando estivermos evangelizados, vivenciando os ensinos de nosso Mestre Jesus.

— Entendo o que o senhor diz, porém, como tem sido difícil determinadas questões relativas à minha vida! Sou casado com uma mulher maravilhosa, no entanto, não sei o que posso ter feito para mim e aos meus semelhantes para viver momentos tão delicados como os atuais. Nossos filhos que poderiam trazer luz e alegria para o lar sofrem de uma síndrome que a medicina caracteriza como Down, porém, os próprios especialistas, não têm certeza do que possa ser. Eles sofrem e me fazem sofrer.

– Miriam, pelo menos não tem as limitações que Luiz, mas a notícia que recebemos horas atrás, pelo menos para mim, foi outro choque, de difícil administração. Tenho a impressão que posso explodir a qualquer momento, com um enfarto ou um AVC.

– Não fique assim, Orlando. Inicialmente, a felicidade está na maneira como apreciamos a vida. Seus filhos não representam empecilhos para você usufruir de momentos felizes. O que ocorre geralmente é o problema da padronização. Queremos ser felizes atendendo a padrões que servem para os outros.

– A felicidade está em reconhecer que as bênçãos do Criador na criatura materializam-se na oportunidade de sermos úteis para nós mesmos e para o nosso semelhante. Acredita você, que um missionário seja infeliz servindo ao seu próximo, pela quantidade de responsabilidades que lhe são inerentes?

– Você pode imaginar um Chico Xavier infeliz com o serviço ao semelhante?

– Não, doutor, não posso. Mas eles são missionários e eu um simples aprendiz.

– Não, meu caro. Você que se vê assim. Cada Espírito traz a missão que lhe é adequada para o momento. A sua é a do exercício de amor e paciência necessária servindo de ponte para a recuperação dos irmãos que se encontram neste momento sob a sua guarda, na condição de filhos.

– O que terei feito para eles? Que tipo de injustiça cometi para que a situação das minhas crianças e do bebê que está a caminho tenha esse grau de dificuldade?

– Isso tem importância agora? – questionou-me o médico amigo.

– Nesse momento sinto que você pode me esclarecer.

– Mas a verdade pode doer em determinados instantes, Orlando.

– Mas especificamente no meu caso, pode também esclarecer. Não posso viver nesta dúvida permanente.

– No entanto, se você mesmo afirma que Deus é justo, por que precisa de mais informações e detalhes?

– Simplesmente para entender o que está acontecendo comigo, doutor.

– Se você acha que isso facilitaria sua nova existência, posso providenciar os recursos necessários para sua revisão em uma regressão de memória. Nossos especialistas poderão trabalhar amanhã depois do seu desprendimento pelo sono.

– Sua recordação ao despertar será mínima, tanto desta nossa conversa, como também do processo de regressão. , no entanto, todos os fatos estarão gravados em seu cérebro perispiritual e um dia você poderá contar isso às pessoas para esclarecê-las em relação às responsabilidades que nos são afeitas.

– Para termos um resultado satisfatório, na próxima noite, alimente-se frugalmente e recorra à prece. Estaremos preparados. Fique na paz do Cristo.

Despertei pela manhã, sentindo-me mais tranquilo. Tinha a impressão que havia passado por uma verdadeira terapia e que o tratamento teria continuidade. Recordava-me de poucos detalhes, mas meu ânimo em relação aos desafios de minha vida, tinha sido fortalecido.

Capítulo 23

Revelações

Durante o dia, tinha a intuição de que deveria me alimentar de maneira mais frugal. Não tinha muita certeza do por que, mas fiz uma associação natural, com o trabalho da noite na casa espírita.

Fui para minhas atividades regulares no voluntariado, após meu dia de trabalho na loja e, de uma forma geral, tudo transcorreu como o esperado. Nenhuma nota fora do contexto.

Depois de um leve jantar na companhia de Paula,

nos recolhemos para o descanso merecido.

Tão logo adormeci, notei que duas entidades estavam próximas quando deixava o corpo pelo desdobramento.

Apresentaram-se como assistentes do doutor Jairo e especialistas no processo de regressão de memória. Esclareceram-me a princípio que esta atividade aplica-se como terapia necessária em situações idênticas a minha e não deveria ser utilizada para simplesmente atender a curiosidade, como muitas pessoas dela se serviam no mundo.

Um dos médicos disse:

– São muitos os faraós, príncipes, princesas, reis e rainhas criados nos equívocos fantasiosos de imaginações superexcitadas de pessoas que se dizem profissionais, mas que não possuem escrúpulos. Geralmente a quantia de dinheiro despendida pelos curiosos, costuma ser absurda na grande maioria dos casos.

– Simples busca de novidades a respeito de si mesmos. Se existissem tantas criaturas importantes reencarnadas no planeta, a pergunta que não quer calar é: quem construiu as pirâmides e os castelos? Provavelmente os próprios faraós, príncipes e reis. Completou sorrindo...

Chegamos a um local semelhante a um hospital, no qual tinha plena certeza de ter trabalhado um dia.

Levaram-me para um aposento que possuía uma espécie de câmara, onde pude me acomodar confortavelmente.

Pediram para que me concentrasse em prece, logo concluiriam os preparativos. Inicialmente fui colocado em uma espécie de toca, com alguns fios ligados a um aparelho que parecia ser um projetor. Segundo fui informado, transmitiria imagens registradas em meu inconsciente profundo de aspectos relevantes de uma determinada encarnação, ligada principalmente ao meu filho.

Seriam cenas breves, que depois de captadas, serviriam de base para a análise que seria levada a efeito.

No instante depois de concluída minha preparação, entramos em prece e em segundos, vi imagens de um agricultor, que cultivava a folha da coca para fornecer a compradores ávidos pelo produto. Um deles se destacava, era Luiz, meu filho na presente existência.

Tinha uma aparência fria e calculista, demonstrando o seu baixo valor pela vida.

Eu sabia tratar-se de Luiz quando este estendeu o pacote de dinheiro em minha direção, dizendo-me que a partir daquela data, toda a minha produção seria adquirida por ele.

Em seguida, foi-me solicitado que voltasse desse ponto das minhas recordações.

Após a retirada do equipamento, que envolvia a minha cabeça, saí da câmara e fui conduzido ao consultório do doutor Jairo que me recebeu com um forte abraço.

– Como se sente, Orlando?

– Estou bem, um tanto assustado com a situação toda.

– Tranquilize-se. Nada é tão sério que a bondade divina não possa nos auxiliar na solução, não é?

– Isso é verdade, doutor...

– Muito bem. Você não se recorda, mas esta informação relativa a seu filho já foi repassada a você, quando da sua presença entre nós, pouco tempo antes do seu reencarne.

– Percebi que as imagens foram claras e rápidas, doutor. Parecia realmente que estavam frescas em minha memória.

– Entende você agora o porquê da relação com o seu filho?

– Em parte, doutor. Veja, pelo que me consta, eu era um simples agricultor. Vi uma situação miserável ao meu redor, quando aquele homem colocou o pacote de dinheiro em minhas mãos. Talvez a necessidade.

– Este fato não justifica o erro, Orlando. Uma provação difícil não pode justificar nossos equívocos. Não podemos recorrer ao crime, com a desculpa de estarmos levando o alimento para nossa família.

– Entendo, doutor. Porém, é a ignorância...

– Correto. A ignorância. No entanto, a lei é aplicada para aqueles que a ignoram também, não é fato? Naturalmente que nas leis de Deus, cuja base é a perfeição, não ocorre injustiças. Sua aplicação dá-se através de nós mesmos, à medida que vamos adquirindo a consciência e percebendo a necessidade do reajuste.

– Você pode imaginar o quanto seu produto foi prejudicial para as pessoas? A produção da folha parece ser a parte mais simples do processo, porém, a realidade é que ela alimenta a cadeia de infelicidade, gerando verdadeiras desgraças para aqueles que se tornam dependentes e também para seus familiares, parentes e amigos.

– Note como a justiça de Deus é de amor puro. Você em sua ignorância, no período que era um simples agricultor, utilizou da terra para o cultivo daquilo que se tornaria uma das drogas com grande aceitação no mercado. Após sua conscientização, em parte pelo menos, reencarnou como sitiante para lavrar a terra e produzir alimento, passando a valorizar gradativamente sua vida e a de seu semelhante.

– Mas sua consciência o chamou para os reajustes necessários, a começar daquele que era seu principal comprador e que utilizava de sua ignorante inocência. Depois de suas provas depuradoras, outras oportunidades surgirão para que vocês, juntos novamente, levem o conforto, a saúde e a vida, para as comunidades que corromperam.

– O Senhor aguarda as nossas decisões de transformação para o bem e uma vez que empreendamos nossos passos no sentido do amor, disponibiliza a sagrada oportunidade de sermos úteis para nós mesmos e para o nosso próximo.

Nessa altura da consulta, as lágrimas teimavam em correr pelo meu rosto. Respirei fundo e falei:

– Entendo perfeitamente, doutor Jairo e agradeço pelo auxílio que o senhor e sua equipe vêm me prestando. Que Deus o abençoe e me fortaleça diante das minhas necessidades de mudança.

Ele levantou-se e aproximando-se, abraçou-me mais uma vez, dizendo:

– Lembre-se, Orlando, que o Senhor da vida sempre nos dá a sagrada oportunidade de recomeçarmos. E, quando as provas se mostrarem mais difíceis, tenha sempre em mente a confiança que aprendemos com uma das estrofes do Salmo de Davi: "o Senhor é o meu pastor, nada me faltará".

Despedimo-nos e quando despertei no corpo sentia-me profundamente envolvido por mãos amigas que me encorajavam a continuar na luta do bem que posso realizar hoje, porque ele será sempre, não só o alicerce, mas o edifício que me abrigará no futuro.

Capítulo 24

Minha filha

Uma coisa eu tinha plena certeza, o sonho com a entidade que se identificara como doutor Jairo, tinha produzido alterações significativas em minha maneira de encarar os fatos de minha vida, principalmente no relacionamento com meus filhos. Percebia com clareza que as minhas responsabilidades, não se limitavam a condição de marido e pai, mas acima de tudo, elas estavam ampliadas na condição de Espírito imortal que sou.

A Doutrina Espírita, como Consolador Prometido, é a benção de luz que necessitamos em nossas vidas, porque, nos trazendo a possibilidade do contato com o Evangelho de Jesus, em toda a sua pureza, faz-nos buscar conhecermo-nos em profundidade necessária.

Quebra as estruturas do Deus tirano e parcial que cultivamos por milênios para nos colocar diante de nossa própria realidade, esclarecendo que temos o merecimento de acordo com as nossas ações, tanto para o bem, como para o mal.

O trabalho profissional e o voluntário passaram a ser realizados com maior dedicação e sentimento de amor e respeito absoluto.

Paula com sua meiguice me incentivava o tempo todo, aumentando minha confiança em mim mesmo, fazendo desta maneira que a minha fé se tornasse mais robusta.

Os meses passaram rápido para nós e mais uma vez, estávamos diante do nascimento de mais um filho. Não quisemos nessa oportunidade saber o sexo do bebê, apesar da existência de recursos simples hoje em dia com o ultrassom. Queríamos a surpresa. Em relação ao enxoval, Paula tinha preparado tanto para sexo masculino como também para o feminino.

Fomos abençoados com uma menina. Paula escolheu o nome de Vera.

Geralmente dizemos que é coincidência, mas soube depois que o nome de nossa filha era o mesmo de sua encarnação anterior. Costumamos dizer que são as coisas da vida, quando na verdade, são as coisas de Deus.

Vera apresentava os aspectos da Síndrome de Down em caráter bastante acentuados, o que para nós não era motivo de qualquer constrangimento. Quando aprendemos a olhar os nossos semelhantes como irmãos, percebemos que estamos na vida para auxiliarmo-nos mutuamente. Cada um traz uma lição em particular, basta que prestemos a atenção devida.

Levamos o nosso tesouro para casa, embalado no mais puro amor de nossos corações. Estávamos cientes de nossos desafios, porém, ao contrário do que houvera ocorrido no nascimento dos gêmeos, eu agora, tinha plena certeza que o Senhor não nos desampararia em momento algum.

Capítulo 25

Cobrança indevida?

A vida transcorria em paz. Dois anos haviam se passado e as crianças cresciam tranquilamente, dentro das possibilidades.

Os gêmeos já contavam com 8 anos de idade e Vera com 2. Poderia afirmar que a felicidade não apenas batera em nossa porta, mas vivia conosco.

Os compromissos assumidos em outras existências exigiam trabalho e dedicação constante, principalmente no meu caso.

Foi por essa época que surgiu Sebastião.

Bastião como era conhecido, tinha atitudes rudes, de quem se afeiçoara ao lado duro da vida. Homem de poucas letras foi sempre um trabalhador braçal, demonstrando que a vida havia sido difícil para ele. Suas limitações não se refletiam tanto por conta de sua vida simplória, mas sim no trato com as pessoas que o cercavam.

Eu o conheci em minha loja quando foi comprar algumas ferramentas para um trabalho que realizava não longe de meu estabelecimento.

Passado um tempo, veio solicitar a possibilidade de trabalhar para mim, em algum tipo de serviço extra. Dizia ele que preferia viver de "bicos", em vez de obter um trabalho fixo. Preferia se manter livre de compromissos diários e maçantes, podendo ser ele seu próprio patrão.

Confesso que não me transmitiu boa impressão, no entanto, não poderia julgar quem quer que fosse, pois buscava vivenciar o "não julgueis", ensinado por Jesus.

A princípio não tive interesse em atender-lhe o pedido, mas o negócio ia bem e com a loja vendendo cada vez mais, uma mãozinha de vez em quando não seria demais, principalmente em se tratando de serviços esporádicos.

Alguns clientes solicitavam consertos de pequeno porte e passamos a indicar o Bastião. Seria para ele a renda que necessitava e para nós, a gentileza em poder atender e cativar mais clientes.

Apesar de sua rudeza, foi conquistando aos poucos os funcionários, que o indicavam cada vez mais para nossos clientes.

Da parte da clientela, ouvíamos que o serviço realizado por ele era de qualidade, que se esmerava para fazer o melhor, e que tinha muita prática no que se propunha a fazer.

Algumas atitudes dele não me agradavam, principalmente quando surgia cheirando a álcool, logo pela manhã. Achei por bem ter uma conversa com ele, porque não ficava bem indicarmos nossos clientes para serem visitados por alguém exalando cerveja ou cachaça.

Fui o mais respeitoso possível para não melindrá-lo. Iniciei comentando meu próprio caso, informando-lhe que era um dependente químico, exatamente no uso do álcool e que lutava todos os dias, para evitar sempre o famoso "primeiro gole".

Ele não recebeu bem minhas colocações e com palavras grosseiras, disse que era problema dele e que eu era um fracote em relação à bebida, mas isso não se passava com ele.

Entretanto as coisas tendem a piorar no processo da dependência e eu sabia disso. Não só as companhias de encarnados, mas principalmente desencarnados dependentes e necessitados, que por desespero se posicionam como verdadeiros vampiros e buscam retirar do dependente a essência da substância que necessitam.

Por vezes, ele surgia na loja com carantonhas estranhas de quem estava muito envolvido por personalidades desequilibradas. Alterava em determinados instantes, até o timbre de voz. Aos poucos, foi se tornando mais agressivo, perdendo o controle sobre o que dizia para mim e também para os funcionários.

Naturalmente a qualidade de seu trabalho foi sendo gradativamente comprometida, levando alguns clientes a fazerem sérias reclamações pela indicação recebida.

Por vezes, solicitava dinheiro adiantado para a compra de material e não retornava mais.

Na totalidade dos casos, achei por bem, restituir nossos clientes, em virtude do compromisso moral da indicação.

Para que a situação não comprometesse minha empresa, resolvi fazer uma reunião com os funcionários e todos foram unânimes em suspender qualquer indicação de trabalho para ele.

Fiquei encarregado de conversar com Bastião, quando este aparecesse na loja. Em algumas oportunidades, ele desaparecia por dias, depois de beber tudo o que podia em um bar, não muito distante de minha loja.

Certo dia pela manhã, quando abria as portas do estabelecimento, ele apareceu. Seus trajes estavam imundos e o odor de suor misturado com álcool eram muito desagradáveis.

Pedi a ele que me acompanhasse até o escritório, oferecendo-lhe café e algo que quisesse comer.

Disse-me de chofre que não queria outra coisa, senão certa quantia em dinheiro para saldar uma dívida que havia contraído com um traficante.

Fiquei mais preocupado do que já me encontrava, porque agora Bastião estava também se envolvendo com drogas.

Procurei conversar com ele, mas devido a sua situação, percebi que não me daria ouvidos, pois estava por demais afetado pelo uso não só do álcool, como também de outra substância que me pareceu ser crack.

Arrumei-lhe certa quantia em dinheiro, não sabendo que estaria criando uma situação ainda mais embaraçosa, pois ele, a partir desse dia, habituou-se a surgir a qualquer hora no estabelecimento para pedir algum dinheiro.

Como a loja vivia repleta de clientes, o jeito era dar-lhe algum valor para que fosse o menos inconveniente possível.

Procurei auxílio na casa espírita, não somente para a assistência espiritual devida, como também no sentido de atendimento médico ou até mesmo uma possível internação.

Em uma das oportunidades que eu o encontrei mais sóbrio, falei a respeito da assistência médica e espiritual. Para minha surpresa, ele concordou em ir, pois estava de fato precisando muito.

Notei um momento de lucidez em seu semblante e marcamos para o mesmo dia à noite, uma visita à casa espírita que eu frequentava e que disponibilizava também um médico de plantão, que poderia dar-lhe um primeiro atendimento e encaminhamento necessário.

Tola ilusão, Bastião não apareceu no horário combinado e passados alguns dias, não deu mais sinal de vida.

Conversei com Paula naquele dia à noite e fizemos mais um dos tantos trabalhos de atendimento a distância, que já havíamos feito em seu favor.

Durante a reunião, Paula relatou que os mentores mostraram que Bastião estava longe de nossa cidade e totalmente drogado, andando a esmo por uma estrada. Sua vida estava por um fio. Disseram ainda que deveríamos vibrar muito por sua situação. Encontrava-se totalmente envolvido por entidades cruéis que se relacionavam com ele de longa data. Pediram que procurássemos manter-nos em prece e vigilantes.

A surpresa não tardou. Na manhã seguinte, estacionou um veículo na porta de minha loja, com dois elementos mal encarados, procurando por mim. Disseram que a conversa era particular e emergencial.

Convidei-os ao escritório na companhia de um funcionário, porque não sabia do que se tratava. O mais ousado deles, que parecia ser o chefe, foi logo dizendo em tom agressivo:

– Não tenho muito tempo para conversa. Vim buscar o dinheiro da mercadoria que foi entregue para o Bastião.

– Mercadoria? Não sei do que o senhor está falando.

– Eu já ouvi essa conversa antes. Bastião comprou

mercadoria em quantidade e me deve um dinheiro grosso. Ele disse que você tem que pagá-lo, pois o demitiu e ele tem direito a indenização que ainda não foi paga. Bom, para resumir, vim buscar o que me pertence.

– O senhor está equivocado – tentei argumentar, ele não era meu funcionário e não lhe devo valor algum. Somente fez alguns bicos com clientes que nós indicamos.

– Que seja. Você deve algum para ele, então. Pague logo antes que eu tome alguma providência mais drástica.

– Senhor, não posso pagar algo que não devo. Nem ao senhor e nem ao Bastião. Está ocorrendo um equívoco lamentável e o senhor foi vítima daquele pobre rapaz.

O cidadão me olhou com ódio, levantou-se subitamente e sacou do revólver que trazia em sua cintura e apontando para mim, gritou:

– É dessa forma que costumo tratar devedores...

Tentei abaixar para me proteger atrás da mesa enquanto meu funcionário buscou fazer o mesmo, porém, não tive tempo, dois tiros me atingiram em cheio a região do estômago.

Tive tempo em ouvir o outro gritar:

– Vamos embora que daqui a pouco o local vai estar cheio de polícia!

Vi meu funcionário tentando estancar o sangue que teimava em sair em grande quantidade, enquanto chamava por socorro. Percebi a movimentação, alguém chamando uma ambulância, outro ligando para a polícia e depois de alguns instantes, desmaiei...

Capítulo 26

Retorno

Após o desmaio, comecei a perceber cenas que se sucediam com médicos e enfermeiros que tentavam me salvar a vida.

Ouvi o médico dizer:

– Rápido, o desfibrilador... Vamos tentar ressuscitá-lo.

O choque foi tão violento que pude sentir reflexos de dor em meu corpo perispiritual como se fosse transmitido por uma espécie de fio desencapado de grande voltagem. Pude ouvir novamente:

– Não deu resultado, vamos de novo....

Recebi outro choque, desta vez mais violento, o que me levou a total inconsciência.

Não sei exatamente o que se passou nos momentos seguintes. Quando recobrei a consciência, continuava desdobrado em uma cama de hospital, passando por uma cirurgia, que me pareceu muito delicada, pela conversa que pude escutar entre médicos e enfermeiros.

Saí do ambiente e fui para o corredor, onde pude encontrar Paula, sentada ao lado de minha sogra com o rosto banhado em lágrimas.

Ao seu lado, uma entidade feminina desencarnada, buscava consolá-la.

Olhei para os meus ferimentos e notei que o sangramento estava estancado, porém doíam...

No entanto, outras preocupações me dominavam... Paula, por exemplo...

Aproximei-me e percebi que ela não registrava minha presença, provavelmente, em virtude da emoção e surpresa do ocorrido.

De repente, ouvi alguém que chamava meu nome:

– Orlando, por favor, afaste-se de Paula para podermos conversar um pouco...

– Virei-me rapidamente e pude divisar a figura conhecida do doutor Jairo.

– Doutor... estou perdido, me ajude...

– Calma, Orlando. Façamos uma prece neste instante. Elevemos o nosso pensamento a Jesus. Você consegue?

– Vou tentar...

Doutor Jairo fez uma prece breve e com tanta profundidade e beleza que pude sentir suas vibrações me envolverem em paz e confiança.

Mais tranquilo, resolvi perguntar:

– Estou desencarnando? Por que estou vendo tudo o que se passa ao meu redor?

– Não! A situação é muito delicada, mas você não está desencarnado. Tenha calma neste momento. Eu sei que a surpresa de um acidente desta natureza é traumática, podendo levar o Espírito ao desespero e apressar a desencarnação. Lembre-se: o corpo obedece ao nosso comando.

– Não posso desencarnar agora, doutor... Tenho os meus compromissos... Filhos, esposa, funcionários...

– Fique tranquilo, Orlando. Concentre-se no que é mais importante: sua vida. Filhos, esposa e tudo o mais não pertencem a você, pertencem a Deus. Vigie seus pensamentos para que eles não transmitam vibrações desequilibradas para o seu organismo, reduzindo e comprometendo sua resistência ainda mais.

– Está comigo uma equipe que veio assisti-lo neste momento. Vamos retornar para a sala de cirurgia, que também está posicionada em nossa dimensão no intuito de apressarmos o atendimento.

Adentramos na sala, porém eu não conseguia ver mais a movimentação no plano em que se encontrava meu corpo material. Era uma sala com uma série de equipamentos diferentes do que costumeiramente eu conhecia.

Instalaram-me em uma mesa de cirurgia e o doutor Jairo me informou:

– Você será anestesiado e os ferimentos que estão gravados no seu perispírito serão tratados com influência direta no seu corpo físico.

Não demorou muito e eu senti profunda e agradável sonolência...

Quando despertei estava em uma CTI com uma série de aparelhos ligados em mim.

A enfermeira de plantão aproximou-se e disse:

– Que bom que o senhor despertou. A cirurgia foi um sucesso, graças a Deus...

– Sua esposa está na sala de espera, aguardando o

momento da visita, ficará muito feliz em vê-lo desperto. Irei chamá-la...

Paula entrou e nossa alegria foi tamanha que não conseguimos segurar as lágrimas de emoção.

Com muito esforço, tentando sorrir, somente pude dizer:

– Estou de volta!!!

Capítulo 27

Meus irmãos

Minha recuperação foi longa e delicada, como era de se esperar em uma situação desta natureza. O rapaz havia utilizado uma arma de grosso calibre e não desencarnei porque Deus não quis como costumeiramente se diz.

Paula velava por mim com um muito carinho e dedicação e eu, até que estava gostando de ser tão paparicado. Que criatura fantástica era minha esposa. Deus colocara um verdadeiro anjo em minha vida, pensava...

As visitas eram constantes de parentes, amigos, funcionários da loja e vários clientes.

O pessoal do centro me visitava regularmente para aplicar-me passes e nos acompanhava também em nosso Evangelho no Lar.

Agradecia a Deus pela benção da amizade por criaturas tão desveladas e desinteressadas que tudo faziam para que eu melhorasse a cada dia. Vibravam felizes quando me encontravam um pouco mais corado e disposto. Verdadeiros irmãos.

As crianças estavam bem e Miriam, que entendia melhor as circunstâncias, fazia-me companhia cercando o meu leito com suas bonecas, para que eu não ficasse sozinho um só instante.

Paula colocava Luiz e Vera para brincarem em nosso quarto fazendo que eu me passasse horas agradáveis com eles.

Procurava a leitura, principalmente do Evangelho, para trabalhar a questão do perdão em relação ao ocorrido.

Certa noite, conversando com Paula, toquei no assunto:

– Sabe, minha querida, busco entender a situação, mas ainda não tenho conhecimento suficiente e elevação espiritual para perdoar de pronto, necessito trabalhar minha resignação.

– Estava tentando auxiliar o Bastião e veja o que ele me deu de presente...

– Orlando, não diga isso. Você conhece bem a questão da dependência. Seu estado de inconsciência aliado a condição espiritual em que se encontrava, mais as escolhas equivocadas do seu livre arbítrio, as substâncias que utiliza, sem esquecer a influência espiritual. Tudo isso produz resultados extremamente desastrosos.

– Sim. No entanto, será que eu merecia isso?

– O ponto central não pode ser esse e sim a oportunidade da experiência que Deus permite que tenhamos. Temos plena certeza que não ocorrem injustiças nas leis universais. Se não temos um quadro expiatório à nossa frente, a prova servirá de alavanca para o nosso crescimento.

– A razão pode não ser totalmente conhecida agora, ou talvez, nem sequer tenhamos alguma noção sobre ela, mas não será por acaso que vivenciamos esta situação tão difícil.

– Pode ser, Paula. Mas que é uma maneira dura de aprender, isso é.......

– Orlando, será que não fomos mais cruéis do que o

nosso irmão no passado? Quantos enganos podemos já ter cometido, não é?

– Paula, como sempre, você tem razão. É fácil tentar esquecer daquilo que fizemos, quando a dor nos visita. Não que eu creia que a lei seja de Talião, mas às vezes me pego pensando, em quantas vidas foram destruídas por conta da coca que eu produzia para conseguir dinheiro.

– Não necessariamente tenhamos que ser punidos porque a lei é de amor como você bem disse, Orlando. O olho por olho e o dente por dente não cabem nas leis de Deus, somente e infelizmente ainda, em nossa maneira de encarar a justiça, por vezes, disfarçada, evidentemente.

– Não digo que não tenhamos que exercer a justiça, dentro de nossas possibilidades, porém, acredito que deveríamos objetivar a educação com o processo e não simplesmente punir. Se a punição pura e simples fizesse a criatura evoluir, nosso planeta estaria habitado por santos, não é mesmo?

– Sim, você está certa. No entanto, para mim o perdão é difícil , isso é! Não posso mentir!

– Para todos nós, meu querido. Mas o que seria de nossa humanidade se os grandes missionários desistissem de nós? Jesus, o Senhor planetário, Espírito mais evoluído que temos conhecimento, por sua condição moral, não se ofendia e não precisava perdoar, mas os demais sempre se esforçaram para exercitarem o bem e o perdão, ou pelo menos procuraram fazer o melhor que lhes foi possível em favor do semelhante.

– Quantos não experimentaram a morte, pelo simples fato de procurarem amar o seu próximo?

– Tenhamos fé e continuemos trabalhando porque aquilo que nos sucede, tem sempre uma razão de ser e essa razão está ligada a questão do nosso livre arbítrio, não?

– Sim, Paula, muito será pedido a quem muito foi dado. Jesus é simplesmente brilhante...

Capítulo 28

Conversa amiga

Apesar de estar em recuperação, solicitei ao médico que me assistia autorização para voltar às atividades do voluntariado na casa espírita que frequentava.

Recebi as recomendações de praxe em relação aos cuidados devidos e aos poucos fui me recolocando de volta ao trabalho.

Verdadeira benção de Deus a oportunidade do serviço em favor do semelhante. Sentir-se útil é gozar de uma felicidade indescritível. Aos poucos vamos realizando em nossas vidas, o que deve ser o trabalho missionário destes Espíritos que dedicam sua vida em favor da evolução dos seus semelhantes.

Se existe uma felicidade maior do que ser útil, no momento, eu particularmente desconheço.

Voltei as minhas conversas com o Bruno, nosso dirigente na casa, dedicado estudioso e trabalhador na Doutrina. Suas percepções eram tão aguçadas como as que se apresentavam em minha esposa. Possuía uma sensibilidade impressionante.

Certa noite, depois do trabalho, me convidou para tomarmos um chá. Aceitei o convite imediatamente, pois nesses momentos, além de sua agradável companhia, era possível tirar dúvidas em relação ao trabalho da noite ou assuntos correlatos. Eu não me cansava de conversar com o amigo.

Ele iniciou sereno como de costume:

– Como estão as coisas, Orlando?

– De um modo geral, bem. Em relação a minha saúde, o ocorrido vai me deixar sequelas, Bruno. O médico informou que terei alguns dissabores com o fígado.

– Não diga?

– Pois é. Já venho sofrendo de alguns lapsos de memória, isso provavelmente pelo uso, ou melhor, abuso com o álcool. Agora, mais essa...

– Orlando, como popularmente se diz: "Deus escreve certo em linhas tortas". Creio sinceramente que razões superiores existem. Aliás, quando você sofreu o "acidente", um dos mentores de nossa casa, alertou que a situação seria utilizada no final das contas para o seu próprio bem. Não que a Providência Divina tenha programado para você o ocorrido, porque temos que considerar a questão do livre arbítrio. Sebastião, pelo direcionamento que deu à vida dele, é responsável pelos danos e consequências que causou ou venha causar ainda.

– Mas em seu caso específico, você já se perguntou do por quê? Sinto que isso o incomoda com certa frequência, não?

– Bruno, você tem razão. Apesar dos conselhos de Paula a esse respeito, não raro, me questiono sobre esta situação.

– Sei que as respostas estão no meu íntimo, porém, luto muitas vezes para não aceitá-las. Acredito que em minha programação espiritual, necessitava de algo que me trouxesse sequelas, por razões relativas ao passado. Tenho uma intuição forte de que os prejuízos impostos pelo meu livre arbítrio, ao meu corpo físico em outra existência, são a causa desses inconvenientes nesta vida.

– Só não entendo bem o porquê da violência...

– Orlando, nós vivemos em um planeta de expiação e provas onde a regeneração está se iniciando. O mundo ainda é violento. Claro que não em sua totalidade porque já evoluímos muito. Porém, devemos convir que estamos expostos ao inconveniente destas situações.

– Considerando que nada é por acaso, como bem sabemos, o que nos ocorre, por vezes tem ligação com muitas existências anteriores. Ou ainda podem servir de prova para o nosso crescimento.

– O professor aplica provas visando aferir o conhecimento do aluno, no intuito de promovê-lo e não, necessariamente, por interesse em puni-lo. Precisamos entender que, se a vida nos traz exemplos simples, utilizando como referência o banco escolar, as situações que visam nosso desenvolvimento como Espíritos, não poderão ser muito diferentes e todas elas estarão amparadas nos padrões da justiça de Deus.

– É a busca da bala perdida ou da bala achada? De que vale tanto questionamento se ainda não sabemos praticamente nada de nós mesmos?

– É natural que não abramos mão dos interesses em

relação ao conhecimento, mas se eles não estão disponíveis no momento estarão um dia. Para isto existe a paciência, que é uma virtude daquele que trabalha e estuda, esperando um dia que os resultados surjam naturalmente.

– Faz sentido, Bruno. Minha intuição não pode me enganar, pode?

– Não, não pode, se você sente que é verdade. Como nós sabemos, a verdade é cristalina e sentida por nós, em nosso íntimo. Se a sua intuição mostra isso, é porque, é isso mesmo.

– Mas na condição de regeneração do planeta, as coisas não deveriam estar mais calmas?

– E não estão, Orlando? Veja que apesar de toda a violência, estamos longe de conflitos que ceifaram a vida de milhões de criaturas em pouquíssimos anos.

– Muito se fala da violência urbana, no entanto, guardadas as devidas proporções de população para cada época da humanidade, o que ocorre na verdade é que estamos mais informados. As coisas aconteciam e nós tomávamos muito pouco conhecimento. Hoje, o que ocorre em qualquer parte do globo, ficamos sabendo alguns instantes após. Não nos enganemos, nossa humanidade está cada vez mais solidária.

– Mas você diz sobre regeneração, não é mesmo?

– Sim, Bruno...

– Muito bem, o planeta de regeneração não é um mundo ainda feliz. O próprio termo não deixa margem à dúvida. É regeneração para os Espíritos que tenham interesse nela, não sendo ainda, um mundo perfeito. O que temos que entender é a questão do tempo.

– O milênio é de regeneração e está se iniciando. O terceiro milênio começou no ano 2.000 e vai até o ano 3.000.

– Temos que nos atentar para a misericórdia de Deus Nosso Pai e de Jesus, Nosso Mestre. O planeta não é uma nau à matroca, perdido no oceano, sem leme. O direcionamento está em mãos divinas e operosas. Cabe de nossa parte nos conscientizar em relação ao nosso crescimento espiritual e buscarmos a materialização do bem e da verdade no menor prazo possível. Isso, sim, depende de nós.

– O que eu quero dizer com isso? Sem a necessidade de colocar a carroça na frente dos bois, como costumeiramente dizemos de ações apressadas, a paciência e o trabalho constantes, têm que ser o lema não só dos espíritas, mas de todo aquele que se julga cristão.

– O que você acha, Orlando?

– Bruno, desculpe o trocadilho: mas eu não acho nada! – completei sorrindo.

– Concordo com você porque é tudo que eu tenho estudado nas aulas dos cursos regulares e nas palestras de nosso centro. Em minhas leituras autodidatas, constato que o ser humano precisa com urgência viver o Evangelho do Cristo. Somente assim conheceremos a real felicidade, não?

– Sem dúvida, meu amigo.

– Agora, vamos embora porque o relógio corre rápido...

– Bruno, não vi a hora passar, obrigado pelo seu tempo..

– O tempo é de Deus, Orlando. Nós simplesmente passamos por ele e aproveitá-lo bem é de interesse de cada um. Por isso o Senhor nos deu a liberdade de escolha, não é mesmo?

Ele tinha razão. Despedimo-nos e fui para minha casa, muito mais feliz e satisfeito com a vida que eu podia usufruir. A noite estava extremamente agradável e respirando a longos haustos, me elevei em prece de agradecimento ao Senhor da Vida, pela benção da presente reencarnação.

Capítulo 29

Atendimento fraterno

D epois de alguns meses, a vida voltou ao normal. Procurei notícias sobre o paradeiro do Sebastião, mas não obtive sucesso algum. Ele simplesmente havia desaparecido.

Apesar da situação que ele inconsequentemente me envolveu, busquei trabalhar em mim o exercício do perdão. Constantemente recorria à prece em seu favor, quebrando qualquer resquício de amargura ou rancor que pudesse existir em relação a ele.

Isso fazia sentir-me bem e, gradativamente, realiza-do comigo mesmo.

Passado algum tempo, no trabalho de atendimen-to fraterno aos nossos irmãos necessitados da dimen-são espiritual, os mentores responsáveis trouxeram o Sebastião. Sua manifestação, através da mediunidade psicofônica de um dos nossos colegas de trabalho, de-monstrou a situação que o Espírito se encontrava.

Bruno, nosso dirigente iniciou o diálogo:

– Como vai, meu irmão? Seja bem-vindo em nome de Jesus, nessa casa de oração e serviço. Como se chama?

– B...astião. Chamo-me Sebastião. Acho que é isso...

– Onde estou? O que vocês querem comigo. São de-mônios como aqueles que me torturam?

– Não somos demônios, somos apenas seus irmãos, cuja intenção é buscar prestar algum bem ao nosso se-melhante. Nós podemos fazer algo por você?

– Podem! Livrem-me dos demônios que me ator-mentam. Eles querem sempre mais, mais... Não me deixam em paz um momento sequer...

– Esses demônios que você se refere não existem, meu amigo. São apenas irmãos nossos necessitados de compreensão, pela condição que apresentam.

– São demônios, demônios... Nunca fui de ir muito

à igreja, mas sei como eles podem ser. Têm caras horrendas, alguns possuem chifres e olhos vermelhos. Não me deixam nunca... Socorro, meu Deus, tenha misericórdia de mim!

– O Senhor tem misericórdia para com todos, Sebastião. Nada tema em relação a estes irmãos que também são filhos de Deus, como nós.

– Não podem ser de Deus. Os demônios lutam contra ele, como podem ser seus filhos?

– Sebastião, acalme-se. Vamos fazer uma prece e você verá como eles irão deixá-lo em paz.

– Não sei fazer prece, não sei rezar.

– Então eu começo e você me acompanha, está bem?

– Eles se afastarão de mim? Sua prece tem esse poder?

– Quem tem poder é Deus, meu amigo. Nós podemos permitir que o Senhor nos auxilie, você concorda?

– Sim, concordo.

– Oremos, então, "Pai Nosso...

Notei que à medida que Sebastião repetia as palavras da prece ensinada por Jesus, gradativamente ia se acalmando. Seu tom de voz demonstrava que sua ansiedade ia aos poucos diminuindo.

Ao término da belíssima prece, ele retornou ao diálogo:

– Vejo anjos ao meu lado, anjos brancos que me abençoam. Eles dizem que vieram me buscar, me levar para um lugar melhor.

– Então, meu amigo, vá com eles. São nossos irmãos em Cristo e vão atender as suas necessidades.

– Eu vou, eu vou, obrigado, obrigado...

Eu estava completamente tomado pela emoção e profundamente agradecido a Deus e a Jesus, pela misericórdia da assistência ao nosso irmão que acabava de partir.

Em paralelo, meditava na benção que também havia recebido, na oportunidade de poder assistir aquele companheiro em uma atividade no bem, não mantendo em meu coração nenhuma mágoa em relação ao possível prejuízo que ele poderia ter me proporcionado, seja em minha saúde, ou mesmo na minha vida.

O perdoar 70 X 7 de Jesus é lição inteligente. Na aplicação do perdão está a nossa verdadeira liberdade.

Capítulo 30

Esclarecimento oportuno

No encerramento das nossas atividades da noite, depois que os demais companheiros foram se retirando, solicitei ao nosso dirigente, alguns esclarecimentos em relação à assistência prestada ao Sebastião.

Bruno iniciou sorrindo e dizendo:

– Orlando, eu já estava aguardando por suas perguntas...

– Desculpe-me a curiosidade de aprendiz, meu amigo. Mas se for possível, alguns pontos apresentados pela entidade particularmente chamaram minha atenção. Por exemplo, a situação dos demônios e anjos...

– Na sua grande maioria, as pessoas enxergam aquilo que querem ou que temem meu caro.

– Veja que a mente cria situações por vezes totalmente ilusórias em relação às imagens que estavam sendo projetadas por ele mesmo, neste caso específico.

– Como sabemos pela literatura espírita, que, aliás, é farta nesse nível de informação, uma mente desequilibrada pode influir no perispírito, deformando-o, por vezes, seriamente.

– No caso do nosso Sebastião, as entidades que o acompanhavam e que foram também atendidas, eram tão necessitadas quanto ele e encontravam-se inconscientes. Apesar de estarem em situação muito delicada, não se apresentavam como demônios porque pude divisá-las pela vidência. Apresentavam-se maltrapilhas e magérrimas, por conta da dependência que ainda mantêm depois do próprio desencarne, porém, a mente de Sebastião fazia com que ele os visse como demônios.

– Nada mais do que o fruto daquilo que se teme. Por vezes, o temor foi implantado em fase infantil pelos pais despreparados em relação à educação ou por conceitos equivocados de algumas seitas ou religiões, cujo interesse é impor o medo aos seus fiéis. Isso não nos importa nesse momento porque não nos cabe a condição de juiz em relação a uma coisa ou outra, mas a verdade, nesse caso, está clara.

– Sebastião não só enxergava demônios, como também anjos. Outra prova incontestável das distorções relativas à realidade espiritual. Jesus nos ensinou com clareza que encontramos sempre o que procuramos. Isso é uma verdade absoluta.

– Nos padrões mentais que convencionamos viver, encontraremos sempre aquilo que for do nosso maior interesse e desejo.

– Bruno, como modificar nossa situação e ao mesmo tempo auxiliar irmãos nossos em relação a conceitos tão ultrapassados de um Deus Tirano ou mesmo dos demônios que disputam suas criaturas?

– Sem que tenhamos a tola pretensão de sermos melhores que os outros, porque não somos, a insistência em mantermos nossos pensamentos equilibrados. Isso ajuda a criar um campo mental que nos envolve e com o qual nos alimentamos energeticamente, como também, entra em contato com outras mentes que vibram no mesmo diapasão, fortalecendo-nos no equilíbrio que procuramos manter.

– Ao mesmo tempo, influenciamos as mentes que porventura andem descuidadas, emitindo vibrações positivas. Para que fique claro, procurando ilustrar com um exemplo simples, é a busca da estação de rádio que nos interessa.

– Ao utilizarmos o dial para encontrarmos a emissora que nos agrade, quantas vezes não paramos em outra, que esteja tocando uma música que não ouvíamos há muito tempo e que, nos traga boas recordações?

– Falamos em caridade e a necessidade de praticá-la, o que faz sentido para nossa vida, porque trabalha as nossas potências interiores no bem. No entanto, somos verdadeiras antenas emissoras que podem colocar no ar em tempo integral ou pelo menos, em boa parte do tempo, pensamentos positivos, visando beneficiar o semelhante, em um processo caritativo totalmente anônimo.

– Jesus nos ensinou a respeito, de maneira simples e objetiva, em relação ao nosso posicionamento mental e porque não dizer de nossa influência em relação ao próximo em Mateus 12-34: "... a boca fala daquilo que está cheio o coração".

– Veja, meu amigo, que Jesus não nos pediu que nos

transformássemos em anjos do dia para a noite, mas nos deu o caminho para mudarmos a nossa vida, influenciando positivamente nossos semelhantes.

– Pensar bem é o que uma criatura consciente necessita praticar constantemente para que um dia a caridade faça parte de nossa vida naturalmente, assim como é nossa respiração. Um dia, Orlando, amaremos como respiramos, natural e instintivamente.

Capítulo 31

Dor profunda

Interessante como não percebemos o tempo passar, principalmente quando temos filhos. A correria é constante, não só pelos cuidados necessários, mas, todo o processo educativo, incluindo a intelectualização dos pequenos e nunca esquecendo do trabalho de espiritualização, que sempre entendemos como responsabilidade primordial dos pais, em iniciá-los em uma religião.

Inúmeras vezes ouvimos a opinião de pais e responsáveis, que os filhos devem escolher a religião que quiserem quando crescerem. Respeitando o posicionamento de quem pense desta maneira, não podemos nos esquecer que os adultos procuram conhecer ou se aprofundar em algo que os interesse, de acordo com a base que receberam na infância.

O que seria da educação de uma maneira geral se aguardássemos que a criança atingisse certa faixa etária para que o processo pudesse ser iniciado? Como popularmente é conhecido, a educação vem do berço, ou seja, é de responsabilidade integral dos pais ou daqueles que se responsabilizam pela criança.

Não podemos jamais olvidar que os filhos que Deus coloca em nosso caminho, antes de tudo, são Espíritos. Os pontos que não são observados em relação ao processo educacional, não comprometem apenas uma existência, mas também as existências futuras.

Portanto, pelo menos para mim e com endosso total de Paula, nossos filhos sempre receberam dentro do possível, uma educação integral, onde, apesar de nossas naturais limitações, por sermos Espíritos que ainda se encontram em evolução, procuramos fazer o melhor ao nosso alcance, para que amanhã não tenhamos o problema da consciência comprometida pela negligência.

Se Jesus nos ensinou que muito seria pedido há quem muito foi dado, o conhecimento do seu Evangelho é suficiente para que nos comprometamos, não com A ou B, mas com a nossa própria consciência.

De fato, Evangelho de Jesus, é metodologia educacional pura. Fazer ao próximo exatamente aquilo que queremos que ele nos faça, oferece-nos o caminho mais responsável a ser seguido.

Claro que Luiz e Vera, tinham grande dificuldade de assimilação, em virtude do comprometimento mental na presente existência. Miriam correspondia com uma inteligência razoável dentro dos parâmetros considerados normais. Às vezes me perguntava:

– Normais para quem?

– Bom, mas aí era conversa de Espírito que elucubrava demais, conforme dizia Paula em algumas oportunidades.

Apesar da saúde de Luiz ser a mais frágil, encontrava-se bem, até contrair uma forte gripe.

Levamos ao médico para os cuidados iniciais, medicação e acompanhamento correto. Porém, não demorou muito e o quadro se agravou, solicitando que retornássemos ao facultativo com urgência.

Foi tudo muito rápido porque do consultório do pediatra, fomos direto para a internação em um hospital. Luiz apresentava um quadro de pneumonia. Apesar dos sintomas serem iniciais, sabíamos que todo cuidado era pouco com o nosso garoto.

Em paralelo, entrei em contato com o Bruno, nosso dirigente na casa espírita, solicitando que uma equipe nos visitasse no hospital para seções de fluidoterapia.

A medicação e o tratamento ministrado pareciam não surtir efeito. Quando da aplicação dos passes, Luiz recuperava-se um pouco mais, porém, suas crises, principalmente de tosse se intensificavam durante a noite.

Eu estava cada vez mais preocupado, apesar dos pedidos de Paula e dos demais companheiros para que permanecesse calmo e dessa forma poder contribuir vibratoriamente com a saúde do pequeno.

Mas nunca é fácil quando certas provas nos visitam. Não poderia nunca falar por minha esposa que apesar de derramar lágrimas discretas diante do quadro, mantinha-se serena e confiante.

Passamos a dar passes com maior regularidade em nosso garoto. Independente da pouca interatividade sentia suas energias se esvaindo pouco a pouco.

Em uma das noites no hospital, fazendo-lhe companhia, a exaustão pela falta de sono literalmente tomou conta de mim. Como estava sentado em uma cadeira junto ao seu leito, adormeci debruçado, próximo ao seu corpinho enfraquecido pela enfermidade.

Foram poucos minutos, quando pelo desdobramento natural, ao sair do corpo físico, notei que uma entidade, parecida com um enfermeiro ou um médico, abria a porta do quarto e se dirigia para mim:

– Como vai, Orlando?

– Dentro do possível, bem... Meu filho...

– Sim, eu sei. Ele apresenta um quadro cada vez mais delicado, não é isso?

– Sim, é isso mesmo. Mas o senhor é?

– Chamo-me Joaquim. Provavelmente você não se lembra de mim nesse momento, mas fui responsável pelos tratamentos dispensados ao nosso Luiz. Não somente atendemos ao seu menino, mas também as nossas queridas Miriam e Vera, quando se encontravam em nossa dimensão.

– Somos amigos de outros tempos, Orlando. Eu continuo acompanhando as suas crianças, dentro do possível, naturalmente.

– O senhor pode fazer algo pelo meu filho? Poderia aliviá-lo desse sofrimento atroz. Pobrezinho, já tão limitado em suas manifestações naturais e agora com essa enfermidade que consome sua saúde, violentamente.

– Orlando, você precisa confiar em Deus e em seu amor. Preste atenção em sua esposa, em seu exemplo. Ela sabe que tudo está sendo feito, não só pela medicina terrestre, como também pelo tratamento espiritual.

– Apesar dos esforços despendidos, o tempo é de libertação. Chegou o momento do nosso Luiz se libertar da clausura que impôs a si mesmo, pelo uso equivocado que fez de seu livre arbítrio.

– Nós sabemos de sua dedicação como pai, bem como do sacrifício de Paula, em favor do pequenino, mas agora, Luiz depois de sua readaptação no plano espiritual, galgará novos degraus de experiência, refazendo e trilhando caminhos novos.

– Não é possível que a única solução seja essa. Respondi quase que aos gritos. Não pode ser que Deus só nos reserve a dor como consolo. Isso não é justo, não é justo...

Dizia isso com as lágrimas que começavam a inundar a minha face. Estava diante de uma das mais difíceis provas para um pai, o que dizer para uma mãe, pensei naquele instante.

– Orlando, antes de mais nada, não entre em desequilíbrio. A morte do corpo não é o fim da vida. Continuamos vivos. Porém, se quando chega o momento de nossa partida, sendo ela natural e não forçada por circunstâncias impensadas, devemos encarar este momento, como a benção de libertação da prisão que nos limita.

– Sei que não é fácil o quadro que irá se desenrolar nas próximas horas, mas no caso de Luiz, sua prova chegou ao final.

– Não é possível, Joaquim, que eu aceite de forma tranquila. Não tenho forças. É meu único filho... Eu o amo, não posso perdê-lo assim... Se você nos conhece, como diz, sabe disso...

– Eu sei e é exatamente por isso que eu estou com você nestes instantes de despedida. Pense, Orlando, apesar da dificuldade do momento, você não está perdendo coisa alguma. Nada nos pertence. Somos de Deus e, um dia, retornaremos para a nossa realidade, que é a espiritual.

– Confie para que as suas forças não faltem. O conhecimento e a prática do Espiritismo não são suficientes para provar que ninguém morre?

– Sim, são. No entanto, o problema sou eu que reconheço não ter construído a fé suficiente. Nesse ponto eu assumo. Tenho lutado muito, mas ainda não consigo...

– A luta é nossa, meu amigo. Todos nós ainda fraquejamos diante das provas, uns mais, outros menos. Somos Espíritos que estamos aprendendo a amar, ainda longe de confiar o suficiente em nós mesmos para poder confiar convenientemente em Deus, Nosso Pai e Senhor de nossas vidas.

– Orlando, vamos nos elevar em prece? A oração nos coloca diante de nossa própria realidade espiritual e nos liga diretamente a Deus.

– Sim, eu o acompanho, Joaquim...

Enquanto orávamos, dirigi os meu olhar para o leito de meu filho e vi que ele se desprendia cada vez mais do seu corpinho frágil e enfermiço.

Ao encerrarmos a prece, despertei em sobressalto. Percebi que a respiração de Luiz estava mais tranquila, enquanto suas energias pareciam estar chegando ao final.

Por incrível que pudesse parecer, tive uma força descomunal naquele instante e dirigindo-me a ele, sentindo uma dor profunda em meu coração, falei:

– Vá em paz, meu filho. Que Deus o abençoe. Um dia nós nos reuniremos em família novamente...

Ele, abrindo seus olhinhos que já se mostravam fundos pela situação comprometedora de sua enfermidade, me fitou com carinho imenso e, não sei de onde, nem como, pareceu ter recobrado sua total consciência e pleno poder sobre o próprio corpo. Como que sustentado por uma mão amiga que lhe dava forças divinas, ele saía de sua clausura física. Neste instante meu menino esboçou um pequeno sorriso e, com voz serena e confiante, disse-me:

– Pai, meu pai, eu te amo...

Partiu, levando consigo um pedaço do meu coração...

Capítulo 32

Seguir em frente

Paula entrou no quarto no mesmo instante em que Luiz deixava o corpo físico em definitivo.

Aproximando-se de seu corpinho frágil e sem vida, abraçou-o e colocando a cabeça do menino próximo do seu ventre, emocionada como se encontrava, orou:

– Pai Santíssimo, estamos nos despedindo do nosso irmão Luiz, que tivemos a oportunidade e a responsabilidade de recebê-lo como filho, por acréscimo de sua misericórdia. Estamos cientes de sua vontade soberana que respeitamos, como criaturas ainda ignorantes do que, por vezes, é o melhor para nós mesmos. Por isso, necessitamos que o Senhor nos indique caminhos por estarmos ainda como crianças no uso de nosso livre arbítrio.

– Pedimos, Pai, que nos ampare diante da dor da separação que sabemos ser somente física. Aprendemos que a vida não cessa, porém, estamos longe ainda de administrarmos convenientemente nossos sentimentos, principalmente nos instantes da partida daqueles que amamos.

– Senhor, rogamos para que receba o nosso Luiz na sua paz e que o seu amor possa encaminhá-lo para a recuperação conveniente. Abençoa, Senhor o esforço que o nosso menino fez em sua recuperação e ampara-nos hoje e sempre porque a Sua misericórdia sabe o que é melhor para todos nós.

Naquele instante busquei forças para abraçá-los e, honestamente, não me recordo de quanto tempo ficamos juntos derramando as lágrimas da despedida.

Passado um bom tempo foi Paula que tomou a iniciativa de chamar os enfermeiros e ligar para o pediatra que acompanhava Luiz desde o seu nascimento.

Agora me cabia à tarefa de avisar parentes e amigos.

Todos acorreram com presteza e, aos poucos, funcionários e muitos clientes de nossa loja começaram a ligar e nos prestar condolências colocando-se à disposição para quaisquer necessidades.

Estes momentos são muito difíceis porque as pessoas mais íntimas de nosso relacionamento que compareciam ao velório despertavam as lembranças de momentos vivenciados próximo ao filho querido. A emoção era sempre muito forte e renovava-se a cada palavra ou cumprimento.

Constatava como a Doutrina Espírita é realmente a benção do Evangelho de Jesus aplicado em nossas vidas. Quanto bem, quanta luz e esclarecimentos nos trazem os ensinos do Cristo, para suportar com resignação as provas de nossa existência! Sabemos que elas nunca são fáceis porque por mais evoluídos que possamos ser um dia, nunca teremos suprimido nossos sentimentos. Eles sem sombra de dúvida serão, no entanto, mais equilibrados.

Percebia isso claramente na postura de Paula. Naturalmente, como mãe, criatura que embalou o nosso Luiz desde o ventre, derramava lágrimas sentidas, mas era dona de um equilíbrio que sempre admirei. Familiares mais próximos de nossa convivência eram mais consolados por ela do que o contrário. Principalmente os avós, que via de regra ficam sensibilizados, acabavam recebendo um bálsamo de confiança e tranquilidade daquele coração que aprendi a respeitar e admirar, não somente como esposa, mãe e amiga, mas acima de tudo como irmã de meu coração.

Após as exéquias, retornamos ao lar. Era necessário dar andamento em nossas vidas. Tínhamos nossas meninas para cuidar e, no caso de Vera, a dedicação era semelhante àquela que tínhamos com o Luiz.

Levantar a cabeça, confiar em Deus, em Jesus e nos amigos espirituais para continuar na luta.

Luta que não cessaria com a partida do nosso filho querido que apesar de suas limitações, tinha me estimulado a prática do amor e da aceitação.

Diversas vezes, questionei a mim mesmo sobre quem de fato estava auxiliando: eu, que recebera como pai, aquele irmão com sua condição especial, ou ele, que me ensinara a sair de mim mesmo, da clausura do meu egoísmo e da minha ignorância.

Passei, gradativamente, convivendo com ele, as meninas e, acima de tudo, com o anjo de luz, com quem tive a oportunidade de casar, aprendi também a me conhecer um pouco mais. Ser um pouco mais senhor de mim mesmo.

Mas a vida com seu dinamismo não permite que os interessados em seu crescimento estacionem. Está no Espírito a necessidade de melhorar-se, crescer, desafiar-se. Portanto, eu precisava levantar a cabeça e seguir em frente.

Capítulo 33

Presente do céu

A tarde caíra serena naquele dia de verão. Por ser sábado, o expediente na loja era mais curto que o habitual.

Encontrava-me sentado na varanda de casa, olhando as crianças que brincavam juntas. Na realidade, Miriam procurava brincar com Vera cujas limitações impediam em muito sua interatividade com a irmã.

Nunca coloquei o clichê batido do: "o que será que fiz para Deus?" porque sabia muito bem que essa afirmação é no mínimo inconsistente, para não dizer ridícula.

Na realidade, cada vez mais conscientes, sabemos que fazemos para nós mesmos. Que no Universo existem leis justas e de amor cuja ação é sempre contemplada pela reação correspondente.

Antes de me sentir provado ou acreditar estar passando por uma expiação, havia aprendido com as lições do Evangelho Segundo o Espiritismo que poderia muito bem estar vivenciando uma prova. Sim, porém, uma prova de amor que a vida me oferecia nestes instantes. Eu me sentia na condição do atleta que repete movimentos para que possam ser aperfeiçoados. Eu me movimentava no exercício do amor, apesar de minhas reconhecidas limitações.

Com sutileza, Paula aproximou-se, me despertando suavemente de meus pensamentos.

Enquanto contemplava as crianças, exclamei:

– Que rápido passou o tempo não, Paula? Já faz seis meses que o Luiz partiu...

– Sim, meu querido. Quanta saudade, não é mesmo?

– Sim, e como! Hoje, particularmente, estou sentindo mais saudades dele do que o habitual.

– O que você acha de fazermos uma prece, aproveitando esse final de tarde lindo. As crianças estão tranquilas e podemos enviar nossas vibrações para o filho querido.

– Claro, Paula. Você conduz?

– Sim, com prazer...

À medida que Paula conduzia a prece, eu, que nunca tive a vidência despertada, naqueles instantes comecei a divisar uma luminosidade diferente. Como me encontrava de olhos fechados, a princípio pensei ser minha imaginação.

Mas aos poucos a figura de um jovem foi surgindo, dando a mão para um garotinho que aparentava uns 9 anos de idade.

A figura foi se delineando cada vez mais e pude reconhecer o nosso Luiz. Ele andava, sorria, mostrava-se saudável, feliz...

Naquele instante, pensei:

– Meu Deus,tenho tantas saudades do nosso filho que estou imaginando coisas...

Fui surpreendido pela palavra da entidade que acompanhava o meu menino:

– Não, Orlando. Não se trata de fruto de sua imaginação. Sou o Rodrigo. Trabalhamos juntos quando da sua estada em minha Colônia, antes da sua atual reencarnação. Já nos falamos em uma oportunidade, relativamente recente, lembra-se?

– Sim, lembro-me...

Encontrava-me profundamente emocionado diante de tão bela visão espiritual e com o diálogo mental que ocorria naquele instante.

– É o Luiz, o nosso Luizinho, que está com você, Rodrigo?

– Sim, eu o trouxe para abraçá-los e também para você constatar como ele se encontra bem em nossa dimensão. A reencarnação foi para ele, medicamento santo diante de suas necessidades. Está, dentro do possível, como uma criança normal e sadia, aguardando para que vocês um dia se reencontrem.

Luizinho se aproximou, envolvendo meu pescoço com seus bracinhos. Eu podia senti-los, como se ele estivesse de posse de um corpo físico, tamanha foi a sensação de realidade.

Emocionei-me mais ao vê-lo dirigir-se a sua mãe que o pegou no colo. Abri os olhos e notei que a visão continuava nítida.

Paula mantinha-se profundamente concentrada, porém, desdobrada conscientemente, abraçando e beijando o nosso filho.

Ele retornou para próximo de Rodrigo e com um

aceno de mão, ambos se despediram.

Eu não conseguia conter a cachoeira de lágrimas que derramava quando Paula aproximou-se e abraçou--me carinhosamente.

– Paula, que emoção...

– Sim, Orlando. O nosso pequeno veio nos visitar. Viu como ele está bem?

– Sim. Meu Deus que benção. Como Nosso Pai é bom, permitindo esse verdadeiro bálsamo para as nossas vidas. Só tenho que agradecer. E muito...

– Sim, meu querido. Foi um verdadeiro presente do céu...

Fomos literalmente despertados desses instantes de luz pela nossa menina. Miriam aproximou--se perguntando:

– Papai, mamãe, vocês estão chorando. Por quê?

– Porque estamos felizes, filha. Muito felizes por termos a alegria de Deus em nossas vidas. – respondi.

Capítulo 34

Esforço constante

Costumeiramente dizemos que a vida passa rápida, mas sabemos bem que verdadeiramente quem passa somos nós. Em um piscar de olhos, as meninas tornaram-se moças. Miriam com 24 anos mostrava uma beleza semelhante à de sua mãe. Vera, com 18 anos, vivia uma realidade mental de uma criança, com 6 ou 7 de idade. Era uma criança em um corpo de adulto. No entanto, muito educada e obediente.

Apesar de nossa luta cotidiana, a vida de uma maneira geral transcorria dentro do esperado. Tínhamos educado as duas filhas nos padrões evangélicos, sendo que Miriam tornara-se uma voluntária valorosa de nossa casa espírita.

Paula, com seus inúmeros afazeres, incorporara a responsabilidade de coordenar a casa espírita que frequentávamos desde a nossa mocidade. No caso dela em particular, a educação espírita fazia parte de sua educação desde o berço.

Notava-se uma criatura capacitada na direção, cônscia de suas responsabilidades e muito amorosa. Era estimada por todos, inclusive por aqueles que por vezes lhe faziam oposição, o que sempre foi considerado por ela, como extremamente sadio, para que o nosso trabalho não viesse cair na mesmice.

Ela entendia e, nisso estávamos de acordo plenamente, que não somos donos de nada, sendo a posição de dirigente, assistido ou trabalhador, momentos necessários dentro do nosso processo evolutivo, visando sempre o aprendizado.

A competitividade era afastada e desestimulada em nossas atividades, mas opiniões favoráveis ou contrárias eram aceitas e aplicadas considerando todos os aspectos válidos para a melhoria de nosso trabalho em favor dos nossos irmãos mais necessitados do que nós mesmos.

Nas escolas, palestras, conversas dentro ou fora de nossa instituição, o que mais se estimulava era o estudo, levando o indivíduo a raciocinar.

Doutrina espírita não é para se aceitar pura e simplesmente, mas sim compreendida em seus benditos conceitos que são sustentados pelo Evangelho redivivo de Jesus. Então, meditar, questionar, estudar, analisar, faz parte da vida da criatura que aceita os seus conceitos e busca por meio do trabalho em si mesmo e para o próximo, a reformulação de propósitos, visando melhorar-se diariamente.

Paula era exemplo desta verdade, não somente para mim, mas também para todos que frequentavam a casa que estava sob sua direção.

Eu vivia embalado nessas energias positivas e amorosas do trabalho em favor do semelhante que se refletia em mim mesmo, nos benefícios de me tornar um pouco melhor e mais consciente da minha vida e de minhas responsabilidades.

Vivendo esta realidade, comecei a ter certas intuições de que deveria iniciar a organização das coisas que estavam sob minha responsabilidade, pois comecei a sentir que minha partida do plano físico estava próxima.

Esta certeza era tão forte em mim que meus sonhos eram povoados por conversas amigas com entidades que me esclareciam ainda mais a respeito da continuidade de trabalhos no plano espiritual, para onde eu retornaria em breve, assumindo tarefas novas. Que eu nada temesse porque o temor é fruto do desconhecido, do comodismo e da falta de fé, no futuro e principalmente em Deus.

Realmente eu nada temia porque todo o estudo, trabalho e persistência em minha reforma íntima, estavam agora me fortalecendo diante da realidade da vida. Somos Espíritos e nossa pátria verdadeira é a espiritual, como muito bem nos ensinaram os Espíritos na obra monumental codificada por Allan Kardec no primeiro livro de sua lavra, "O Livro dos Espíritos".

Falei com Paula, discretamente, sobre as impressões que tinha a respeito de minha futura partida. Foram óbvios os momentos de grande emoção, mas a companheira equilibrada e amorosa, disse-me:

– Não temos do que nos envergonhar ou temer, não é mesmo, Orlando? Tivemos os nossos equívocos e nossos acertos. O importante é que tiramos o aprendizado de tudo o que vivemos até o momento nessa existência e, tenho certeza, que sairemos daqui vitoriosos em nós mesmos.

– Você, minha querida, sairá. Eu tive os meus deslizes no álcool e em minhas rabugices em relação aos meus pontos de vista.

– Não diga isso, Orlando. Somente Jesus foi irretocável. Nós ainda somos alunos na escola do Evangelho. Tanto é, que apesar da grandeza, Jesus, a única coisa que ele aceitou em sua gloriosa missão, foi receber o tratamento de Mestre, como ele bem o é. O Mestre de nossas vidas, hoje e para sempre, porque os seus exemplos e o seu amor, estarão sempre vivos em nós. E viveremos Jesus todas as vezes que nos esforçarmos à prática do bem, quando reconhecermos em nosso próximo, o nosso irmão.

– Você está certa. Espero que na hora que eu tiver que deixar o planeta, esteja convicto e confiante como me encontro agora.

– Faremos o esforço necessário para estarmos, Orlando. E, sabemos bem, que não estaremos sozinhos nunca. Jesus sempre estará conosco, desde que estejamos dispostos a estar com ele.

Mais alguns meses transcorreram céleres depois dessa conversa, quando fui surpreendido por um súbito mal-estar. Um enjoo inexplicável e certa dor nas costas, principalmente do lado esquerdo, que a princípio me pareceu muscular.

Como me acostumara a não brincar com a saúde, pedi que um funcionário da loja, fosse comigo ao hospital mais próximo.

Não foi muito difícil o diagnóstico: eu estava sendo vítima de um infarto do miocárdio. Eu teria que ser submetido à cirurgia de emergência. A saída seria a safena.

Imediatamente, pensei:

– Deve ser a saída mesmo, mas a do plano físico. Isso está cada vez mais claro para mim.

Surpreendi-me quando despertei na UTI do hospital com Paula e Miriam ao meu lado.

As dores e o desconforto eram consideráveis, porém, em pouco tempo fui transferido para um apartamento e podia contar com as visitas e presença da esposa, parentes e amigos.

Recuperei-me adequadamente para receber alta e retornar ao lar.

Estava sendo disciplinado com meu tratamento pós-operatório, quando certo dia, ao despertar de um sono leve, após o a refeição frugal que fizera no almoço, vi com clareza três entidades que se apresentaram trajadas de médicos. Uma delas iniciou o diálogo mental comigo:

– Como vai, meu amigo? Sou o doutor Luiz, responsável pela Colônia Allan Kardec, de onde você partiu, não faz muito tempo. Estou aqui com outros dois amigos seus, o doutor Jairo e Joaquim, um velho companheiro seu.

– Viemos buscá-lo para que você volte em definitivo para nossa colônia e assuma os trabalhos que o esperam. Está preparado para a viagem?

A emoção tomou conta de mim. Em lágrimas, respondi:

– Estou, nobre amigo, estou. Deus sabe de minha vida e com certeza ele me reserva o melhor.

Nesse instante, Paula adentrou ao nosso quarto, como houvesse recebido algum aviso, inspirada como era, pela sua alta sensibilidade.

Dirigi-me a ela, com todo o amor que sentia por aquela esposa, mãe e amiga, dizendo:

– Paula, minha querida, você sabe quanto a amo. Estou me despedindo. Está na hora da minha partida. Amigos nossos vieram me buscar. Peço a Deus que nos abençoe. Saiba que estarei aguardando você para que continuemos juntos nossa jornada.

Naquele momento ainda pude perceber que Paula se aproximava e beijava a minha testa, como uma mãe que se despede do filho amado. Fui envolvido por certo torpor e quando pude dar conta de mim mesmo, estava fora do corpo.

Vi a companheira orando por mim naquele instante e pude envolvê-la em um abraço de muito carinho, respeito e amor. Era claro para mim que eu a amava mais do que a mim mesmo.

Sussurrei-lhe ao ouvido e tive a impressão que era ouvido:

– Paula, estou partindo feliz e consciente porque tive a benção de Deus de ter sempre você em minha vida. Obrigado por existir e me amar...

Não pude continuar porque a emoção mais uma vez me dominava. Respeitosamente, Joaquim aproximou-se e disse com voz calma e confiante:

– Vamos, meu amigo, nossa evolução aguarda o nosso esforço constante...

Umberto Fabbri nasceu em São Paulo, mas reside
atualmente na Florida, EUA. Atua no movimento espírita
há 34 anos, destacando-se como educador e orador.

Proferiu mais de 5.000 palestras públicas em congressos
e seminários no Brasil e no exterior. Como escritor
já publicou livros em português e inglês, que visam
contribuir para a melhoria do ser humano.

É articulista de jornais importantes do meio espírita e
correspondente internacional nos Estados Unidos.

www.ingramcontent.com/pod-product-compliance
Lightning Source LLC
Chambersburg PA
CBHW060739050426
42449CB00008B/1268